<u>*ACCESO GRATIS*</u> *a la Lectura en la Nube*

Para visualizar el libro electrónico en la nube de lectura envíe junto a su nombre y apellidos una fotografía del código de barras situado en la contraportada del libro y otra del ticket de compra a la dirección:

ebooktirant@tirant.com

En un máximo de 72 horas laborables le enviaremos el código de acceso con sus instrucciones.

La visualización del libro en **NUBE DE LECTURA** excluye los usos bibliotecarios y públicos que puedan poner el archivo electrónico a disposición de una comunidad de lectores. Se permite tan solo un uso individual y privado

INNOVACIÓN DOCENTE EN DIRECCIÓN DE RRHH

INNOVACIÓN DOCENTE EN DIRECCIÓN DE RRHH

JESÚS BARRENA-MARTÍNEZ
IRENE CAMPOS-GARCÍA
TERESA CANET-GINER
MÓNICA SANTANA
Editores

tirant lo blanch
Valencia, 2025

DIRECTORES DE COLECCIÓN:

Ana Belén Campuzano
(Catedrática de Derecho Mercantil)

Enrique Sanjuán
(Magistrado)

EDITA: TIRANT LO BLANCH
C/ Artes Gráficas, 14 - 46010 - Valencia
TELFS.: 96/361 00 48 - 50
FAX: 96/369 41 51
Email:tlb@tirant.com
www.tirant.com
Librería virtual: www.tirant.es
DEPÓSITO LEGAL: V-3944-2025
ISBN: 979-13-7010-788-8
MAQUETA: Disset Ediciones

Índice

INTRODUCCIÓN 13

J. BARRENA-MARTÍNEZ, I. CAMPOS-GARCÍA, T. CANET-GINER Y M. SANTANA

CAPÍTULO 1
¿DESPERTANDO VOCACIONES? INTRODUCCIÓN TEMPRANA A LAS PROFESIONES EN RECURSOS HUMANOS 17

MIREIA VALVERDE
GÉNESIS GUARIMATA SALINAS
NADIMA HASSAN
GERARD RYAN

1. INTRODUCCIÓN: GRADOS POLIVALENTES, VOCACIONES INDEFINIDAS 18

2. PREPARANDO A LOS FUTUROS EXPERTOS DE UNA PROFESIÓN EN CONTINUA EVOLUCIÓN 19

3. OBJETIVO DE LA INNOVACIÓN DOCENTE 20

4. DESCRIPCIÓN DE LA EXPERIENCIA DOCENTE EN EL AULA 21

5. MÉTODOS APLICADOS EN EL DESARROLLO DE LAS PRÁCTICAS 25

6. VALORACIÓN, RELEVANCIA E IMPLICACIONES 26

BIBLIOGRAFÍA 27

BIOGRAFÍA ABREVIADA DE LOS AUTORES 29

CAPÍTULO 2
APRENDIZAJE-SERVICIO EMPLEABILIDAD Y LIDERAZGO: APLICACIÓN DEL APRENDIZAJE-SERVICIO EN LA MATERIA GESTIÓN DE PERSONAS 31

GUADALUPE VILA-VÁZQUEZ

1. INTRODUCCIÓN 31

2. APRENDIZAJE-SERVICIO 33

3. METODOLOGÍA 35

4. RESULTADOS 36

5. DISCUSIÓN, IMPLICACIONES, LIMITACIONES Y LÍNEAS FUTURAS 40

BIBLIOGRAFÍA 41

BIOGRAFÍA ABREVIADA DE LOS AUTORES 42

CAPÍTULO 3
DISEÑO ASISTIDO POR IA DE VIÑETAS CÓMIC PARA LA ENSEÑANZA DE COMPETENCIAS DE INNOVACIÓN: UN ANÁLISIS DE VIABILIDAD Y ACEPTACIÓN ESTUDIANTIL 43

JUAN A. MARÍN GARCÍA
JUAN MARTÍNEZ TOMÁS

1. INTRODUCCIÓN 43

2. REVISIÓN DE LITERATURA 44

3. METODOLOGÍA 46

4. RESULTADOS 48

BIBLIOGRAFÍA 51

BIOGRAFÍA ABREVIADA DE LOS AUTORES 53

CAPÍTULO 4
TÍTULO: APLICACIÓN DE LA SIMULACIÓN MEDIANTE ESCENARIOS PARA POTENCIAR LAS COMPETENCIAS DE FUTUROS RECLUTADORES Y RECLUTADORAS EN PROCESOS DE SELECCIÓN DE PERSONAL 55

LUIS LÓPEZ MOLINA

1. INTRODUCCIÓN 55

2. REQUISITOS PARA EL DISEÑO DE ESCENARIOS SIMULADOS 57

3. DEFINIENDO COMPETENCIAS Y OBJETIVOS 58

4. DISEÑO Y DESARROLLO DEL ESCENARIO 59

5. CONSIDERACIONES PARA LA PLANIFICACIÓN 62

6. CONSIDERACIONES PARA LA EVALUACIÓN 66

7. CONSIDERACIONES ÉTICAS 68

8. CONCLUSIONES 68

BIBLIOGRAFÍA 69

BIOGRAFÍA ABREVIADA DE LOS AUTORES 71

CAPÍTULO 5
SIMULACIONES PARA EL DESARROLLO DE COMPETENCIAS Y HABILIDADES DIRECTIVAS INTERNACIONALES EN ALUMNOS DEL GRADO EN ADMINISTRACIÓN Y DIRECCIÓN DE EMPRESAS 73

JESÚS BARRENA MARTÍNEZ
MARÍA JOSÉ FONCUBIERTA-RODRÍGUEZ
ANNETTE MALLEUVE-MARTÍNEZ
JOSÉ LUIS PEREA VICENTE

1. INTRODUCCIÓN 73

2. LA SIMULACIÓN COMO HERRAMIENTA DE APRENDIZAJE ACTIVO 76

3. METODOLOGÍA 78

4. ANÁLISIS DE DATOS 80

5. CONCLUSIÓN 81

BIBLIOGRAFÍA 82

APÉNDICE I
EJERCICIO SIMULACIÓN. TOMA DE DECISIONES EN UN ENTORNO EMPRESARIAL 83

BIOGRAFÍA ABREVIADA DE LOS AUTORES 84

CAPÍTULO 6
LA RETROALIMENTACIÓN COMO HERRAMIENTA PARA EL DESARROLLO DE LA COMPETENCIA DE RESOLUCIÓN DE PROBLEMAS EN ESTUDIANTES DE DIRECCIÓN DE RRHH: EL PAPEL CLAVE DEL COMPROMISO DEL ESTUDIANTE 87

ANDRÉS SALAS VALLINA
ALMA RODRÍGUEZ SÁNCHEZ
TERESA CANET GINER

1. COMPETENCIAS CLAVE EN LA DIRECCIÓN Y GESTIÓN DE RECURSOS HUMANOS 88

2. EL EFECTO DE LA RETROALIMENTACIÓN EN LA COMPETENCIA DE RESOLUCIÓN DE PROBLEMAS 89

3. EL PAPEL MEDIADOR DEL *ENGAGEMENT* EN LA RELACIÓN ENTRE LA RETROALIMENTACIÓN Y LA COMPETENCIA DE RESOLUCIÓN DE PROBLEMAS 91

4. METODOLOGÍA 94

5. RESULTADOS 95

6. DISCUSIÓN 97

BIBLIOGRAFÍA 98

BIOGRAFÍA ABREVIADA DE LOS AUTORES 99

CAPÍTULO 7
INTRODUCIENDO RIGUROSIDAD CIENTÍFICA A LA BÚSQUEDA DE INFORMACIÓN DE LOS TRABAJOS DEL ALUMNADO EN GRADOS Y MÁSTER 101

MÓNICA SANTANA
SANTIAGO KOPOBORU AGUADO

1. INTRODUCCIÓN 101
2. BIBLIOMETRÍA Y MAPEO DE LA CIENCIA 103
3. METODOLOGÍA 104
4. RESULTADOS 108
5. CONCLUSIONES 110

BIBLIOGRAFÍA 111

BIOGRAFÍA ABREVIADA DE LOS AUTORES 112

CAPÍTULO 8
ELABORACIÓN DE *PODCAST* EN ASIGNATURAS DE RR.HH. 113

IRENE CAMPOS GARCÍA
EVA PELECHANO BARAHONA
MARÍA CARMEN DE LA CALLE DURÁN
EVA MARÍA MORA VALENTÍN

1. INTRODUCCIÓN 113
2. METODOLOGÍA 115
3. PRINCIPALES RESULTADOS 116
4. CONCLUSIONES 119

BIBLIOGRAFÍA 122

BIOGRAFÍA ABREVIADA DE LOS AUTORES 123

CAPÍTULO 9
PRÁCTICAS DE MINDFULNESS Y COMPASIÓN EN EDUCACIÓN SUPERIOR. PROYECTO MULTIDISCIPLINAR Y MULTICAMPUS: LA EXPERIENCIA DE LA UNIVERSIDAD DE CÁDIZ. 125

CRISTINA SIERRA CASANOVA
CRISTINA CASTRO YUSTE
CONCEPCIÓN CARNICER FUENTES
ENRIQUE GARCÍA LUQUE
Mª CARMEN DE CASTRO CABRERA
CARLOS RODRÍGUEZ CORDÓN
CRISTINA JARDÓN

1. INTRODUCCIÓN 126
2. CONCEPTO DE MINDFULNESS 127
3. INICIATIVAS DE FORMACIÓN EN LA UNIVERSIDAD DE CÁDIZ 128
4. PROYECTO "MINDFULACTÚA 2020" 129
5. IMPLEMENTACIÓN DEL PROTOCOLO "AULAS MINDFULNESS UCA" ... 130
5. TRANSFERENCIA A LA SOCIEDAD Y COMUNIDAD UNIVERSITARIA 133
6. CONCLUSIONES 135
AGRADECIMIENTOS 136
BIBLIOGRAFÍA 136
BIOGRAFÍA ABREVIADA DE LOS AUTORES 139

Introducción

La incorporación en 2007 de España al Espacio Europeo de Educación Superior (EEES) supuso, entre otros, cambios en cuanto al protagonismo y trabajo de los estudiantes universitarios. Progresivamente, desde entonces, se ha ido poniendo el foco de atención en nuevos enfoques y metodologías activas que se han sumado a las tradicionales clases magistrales para así favorecer la participación e interacción del alumnado durante el proceso de enseñanza-aprendizaje. Paralelamente, otras transformaciones desde una óptica principalmente social, cultural y tecnológica también han estimulado nuevas fórmulas en el ámbito educativo en todos sus niveles. Concretamente, en el marco universitario, un mayor acceso a la información y a dispositivos informáticos móviles, la digitalización o la irrupción de la inteligencia artificial han condicionado el papel del alumno y el rediseño del ejercicio docente.

Por un lado, el dejar atrás una enseñanza predominantemente expositiva y colocar al frente el aprendizaje centrado en el estudiante ha implicado para este un cambio de paradigma. Se persigue, así, que el alumno aprenda *escuchando,* pero, sobre todo, *haciendo* y logrando que construya contenidos, los relacione y los aplique, lo que puede contribuir a una comprensión y retención más profunda y duradera y, por tanto, a una mejora significativa del aprendizaje. Todo ello implica, por tanto, que el alumno asuma una mayor responsabilidad sobre su propio aprendizaje y avance en mayor grado hacia un proceso de maduración académica y personal. Además, el cada vez mayor repertorio de recursos físicos y electrónicos a su alcance, utilizados de manera correcta, puede ser útil para promover el aprendizaje autónomo y el desarrollo de distintas competencias (por ejemplo, resolución de problemas, trabajo colaborativo, comunicación, liderazgo, adaptabilidad…), con el consiguiente impacto sobre su compromiso y motivación y sus niveles de empleabilidad.

Por otro lado, las funciones y tareas del profesorado también se han ido reconfigurando en este contexto en el que al papel como transmisor se le ha unido otro papel relevante como guía y acompañante en el proceso de enseñanza-aprendizaje. Los profesores han debido adaptarse y participar de cambios en los procesos, estrategias y prácticas a fin de mejorar las experiencias educativas, con el consiguiente esfuerzo para comprender y dirigir las nuevas formas de aprender y abordar las dificultades relacionadas, fundamentalmente, con un alumnado diverso, las nuevas tecnologías y las cambiantes regulaciones y/o requerimientos del sistema universitario.

Buena evidencia de este esfuerzo y dedicación por parte del profesorado es la proliferación en los últimos años de numerosos y variados proyectos de innovación educativa, lo que ha propiciado el diseño e implementación de nuevos o mejorados mecanismos, instrumentos e iniciativas, así como la apertura a la colaboración entre profesores y asignaturas.

Esta obra subraya y pone el énfasis en la inquietud de un conjunto de profesores pertenecientes a distintas universidades españolas por avanzar en los procesos de enseñanza mediante nuevas experiencias y buenas prácticas docentes en el área de recursos humanos, lo que, sin duda, puede favorecer al aprendizaje de estudiantes y profesores y, además, contribuir a la actualización y el desarrollo de capacidades profesionales. Específicamente, muestra 9 trabajos que incluyen, en forma de resultados y reflexiones, valiosas aportaciones que pueden ser de utilidad e inspirar, desde una perspectiva multidisciplinar, a la comunidad que forma parte de la educación superior.

El primer capítulo exhibe un proyecto desarrollado en la Universitat Rovira i Virgili que ha perseguido que los estudiantes consideren la gestión de recursos humanos como una opción de carrera atractiva desde los primeros años de sus estudios universitarios.

El segundo capítulo describe una iniciativa de Aprendizaje-Servicio (ApS) a fin de promover, entre el alumnado que cursa la asignatura *Gestión de Personas* en la Universidade de Santiago de Compostela, la toma de decisiones basada en principios de índole social y ética.

En el tercer capítulo se muestra una experiencia llevada a cabo en la Universitat Politécnica de Valencia que hace uso de viñetas de cómic a través de diseño asistido por IA para fomentar la enseñanza de competencias de innovación.

El cuarto capítulo refleja, a partir de una experiencia llevada a cabo en la Universidad de Cádiz, cómo aplicar la metodología de simulación mediante escenarios para entrenar a los alumnos en procesos vinculados a la selección y capacitación de recursos humanos.

El quinto capítulo presenta los resultados de una iniciativa que, también implantada en la Universidad de Cádiz y basada en las simulaciones, se encamina a mejorar las competencias de comunicación, negociación, gestión de conflictos y liderazgo.

El sexto capítulo da evidencia de cómo fortalecer, en alumnos de distintos grados de la Universitat de València y la Universitat Jaume I, la competencia de resolución de problemas a través de la retroalimentación analizando, además, qué papel juega el compromiso del estudiante en esta relación.

En el capítulo séptimo se presenta un proyecto realizado en la Universidad Pablo de Olavide y encaminado a que los estudiantes aprendan a utilizar herramientas y fuentes de información válidas y fiables con el objetivo de incrementar la rigurosidad científica en sus trabajos académicos.

El capítulo octavo muestra un proyecto basado en la elaboración de *podcast* que ha perseguido, en distintas titulaciones de la Universidad Rey Juan Carlos, favorecer actividades de investigación y debate sobre tendencias y necesidades en la gestión de personas y contribuir a la colaboración con profesionales de dicho ámbito.

El capítulo noveno expone una intervención dirigida a la formación y la evaluación del impacto de distintas prácticas de *mindfulness* en profesores y alumnos de la Universidad de Cádiz a fin de reducir sus niveles de estrés y optimizar los procesos de enseñanza-aprendizaje.

Los editores

J. BARRENA-MARTÍNEZ, I. CAMPOS-GARCÍA, T. CANET-GINER Y M. SANTANA

Capítulo 1

¿Despertando vocaciones? Introducción temprana a las profesiones en recursos humanos

MIREIA VALVERDE
(Universitat Rovira i Virgili)

GÉNESIS GUARIMATA SALINAS
(Universitat Rovira i Virgili)

NADIMA HASSAN
(Universitat Rovira i Virgili)

GERARD RYAN
(Universitat Rovira i Virgili)

Resumen

Este capítulo presenta una propuesta docente destinada a favorecer la orientación profesional temprana en el ámbito de la Gestión de Recursos Humanos (GRH) en grados universitarios polivalentes como ADE, Relaciones Laborales o Psicología. Partiendo de la escasa visibilidad de las profesiones vinculadas a la GRH en estos estudios, se propone un conjunto de prácticas interrelacionadas para ser implementadas en el aula en asignaturas introductorias, con el objetivo de permitir al alumnado explorar las diferentes salidas profesionales en este ámbito, identificar las competencias requeridas y tomar contacto directo con las realidades de la profesión. La propuesta se fundamenta en un enfoque constructivista y participativo e incorpora elementos como análisis de ofertas de empleo, entrevistas a profesionales y la identificación de profesiones emergentes. A través de este enfoque, se busca dotar al estudiantado de herramientas para reconocer y, en su caso, construir una identidad profesional informada desde los primeros cursos del grado, en un contexto marcado por la transformación tecnológica y la evolución constante del campo de la GRH. Los resultados obtenidos tras su aplicación en dos ediciones de la asignatura Dirección de Recursos Humanos muestran una valoración positiva por parte del alumnado, destacando su utilidad para visualizar posibles trayectorias profesionales. De ahí que esta estrategia contribuye no solo a despertar vocaciones en GRH, sino que permite que el estudiantado pueda tomar decisiones más informadas y planificadas respecto a su futuro profesional en el ámbito de la GRH desde el inicio de sus estudios universitarios.

1. INTRODUCCIÓN: GRADOS POLIVALENTES, VOCACIONES INDEFINIDAS

Las asignaturas de Gestión de Recursos Humanos (GRH) se integran comúnmente en grados universitarios caracterizados por su naturaleza polivalente y multitemática, como Administración y Dirección de Empresas (ADE), Relaciones Laborales (RL), o Psicología. Además, se imparten en contextos disciplinares diversos, lo que refleja diferentes culturas universitarias, típicamente en facultades de Economía y Empresa, Derecho, o Psicología y Ciencias de la Salud, respectivamente, mostrando su inmersión en diferentes culturas y tradiciones universitarias.

La polivalencia, entendida como la posibilidad de acceder a múltiples salidas laborales, constituye una de las principales ventajas y polos de atracción de estos grados (Navarro Sustaeta y Soler Julve, 2014). Sin embargo, esta misma característica presenta un desafío significativo: dificulta la asociación de los estudios con una profesión específica, lo que afecta la construcción de una identidad profesional clara (Tomlinson y Jackson, 2019). Como resultado, las profesiones relacionadas con la Gestión de Recursos Humanos tienden a quedar difusas o incluso escondidas entre las múltiples posibilidades profesionales que presentan las carreras polivalentes. Así, a diferencia de disciplinas como Medicina o Arquitectura, donde las trayectorias profesionales se muestran claramente reconocidas y delimitadas desde el inicio, las carreras relacionadas con la GRH no se identifican necesariamente de manera fácil durante los estudios universitarios de grado (Cohen, 2015). Por ejemplo, los estudiantes de ADE suelen proyectarse hacia el sector financiero o agencias y puestos en marketing; los de Psicología, hacia el ámbito clínico; y los de Relaciones Laborales, hacia roles fácilmente identificables en profesiones como inspectores de trabajo. Esta falta de visibilidad dificulta que los estudiantes puedan desarrollar una vocación hacia la GRH desde las primeras etapas de su formación universitaria.

Ante esta situación, se hace evidente la necesidad de introducir estrategias que permitan plantar una semilla vocacional en los estudiantes. Estas estrategias deben facilitar que los alumnos visualicen las oportunidades profesionales en GRH, comprendan los tipos de organizaciones donde podrían desempeñarse y se familiaricen con las competencias requeridas para estas posiciones (van Beurden et al., 2024) en una profesión que bebe de otros ámbitos con conocimientos especializados, incluyendo el derecho laboral, la psicología y comportamiento organizacional, así como la gestión de empresas (Syrigou y Williams, 2023). De esta manera, se busca que los estudiantes consideren la gestión de recursos humanos como una opción de carrera viable y atractiva desde los primeros años de sus estudios universitarios (Donald et al., 2018).

A tal efecto, este capítulo presenta una iniciativa docente encaminada a favorecer la orientación profesional temprana de estudiantes de grados polivalentes que cursan asignaturas de Gestión de Recursos Humanos. Partiendo del desafío que representa la escasa visibilidad de las salidas profesionales vinculadas a la GRH en estos estudios, se propone un conjunto de prácticas diseñadas para ayudar al alumnado a identificar trayectorias laborales, roles específicos y competencias requeridas en este campo.

A partir de aquí, el texto se estructura en cuatro secciones: primero se analiza el contexto formativo y profesional en el que se enmarca la iniciativa; a continuación, se describen los objetivos y fundamentos conceptuales de la propuesta de innovación docente; en tercer lugar, se detallan las prácticas implementadas en el aula; y finalmente, se valoran los resultados obtenidos, así como su relevancia e implicaciones para la formación universitaria en GRH.

2. PREPARANDO A LOS FUTUROS EXPERTOS DE UNA PROFESIÓN EN CONTINUA EVOLUCIÓN

En las últimas décadas, la gestión de recursos humanos no ha dejado de experimentar transformaciones significativas (Giannantonio y Hurley, 2002) y continúa estando sujeta a constantes innovaciones, incluyendo la aparición de nuevas funciones y una creciente complejidad (Farndale et al., 2025), sobre todo en el contexto de los rápidos cambios tecnológicos y la irrupción de la IA en muchas de sus funciones (Gong et al., 2025; Malik et al., 2023). Los cambios en la función conllevan tanto la aparición y desaparición de trabajos en el espectro de profesiones de recursos humanos, como la necesidad de desarrollar nuevas competencias en puestos ya existentes (Cohen, 2015; Bogdány et al., 2023). En este contexto, las continuas transformaciones representan un desafío significativo para los educadores, quienes deben preparar a los futuros profesionales de Recursos Humanos (RRHH) para un campo en continua evolución. Benuyenah y Boukareva (2018) abogan por planes de estudio en GRH que se orienten hacia un enfoque más práctico y profesional, de modo que los estudiantes estén preparados para integrarse al mercado laboral.

Como respuesta a esta necesidad, diversas investigaciones han analizado la incorporación de actividades diseñadas para preparar a los estudiantes frente a las demandas del cambiante panorama de la GRH (van Beurden et al., 2024). Por ejemplo, McEvoy et al. (2005) analizaron la creación de un plan de estudios y las herramientas de evaluación necesarias para fomentar la adquisición de competencias profesionales en un Máster en GRH, centrándose en el desarrollo de cuatro conjuntos clave de habilidades: consultoría, colaboración, comunicación y habilidades cognitivas. Por su parte, Shrivastava et al. (2022) analizaron cómo una escuela de negocios en Australia colaboró con profesionales de la industria para co-crear los planes de estudios de programas académicos de postgrado en GRH de manera que éstos fueran realmente relevantes para preparar a sus estudiantes de cara a su futuro profesional. La mayoría de este tipo de iniciativas profesionalizadoras, sin embargo, se dan en estudios de nivel de máster, mientras que las innovaciones docentes en materia de GRH a nivel de grado se centran más en propiciar la comprensión de los conceptos de las asignaturas y, como mucho, el desarrollo de una actitud crítica sobre las temáticas de GRH (Butler y Reddy, 2010). Así, el foco de atención de la profesionalización en GRH se ha puesto principalmente en el momento de su transición al finalizar los estudios y en su entrada al mercado laboral (Donald et al., 2018), con iniciativas integradas en el currículum en estudios de postgrado como las descritas más arriba, o bien adicionales a los planes de estudios, en forma de talleres extracurriculares de desarrollo profesional, como el descrito por Bruni-Bossio y Delbaere (2021) y en los que, por tanto, solamente participan aquellos estudiantes con especiales inquietudes por cómo conectar lo aprendido en sus cursos con sus futuras carreras profesionales.

Sin embargo, la literatura sobre la profesionalización y carreras de los estudiantes universitarios, más allá de los alumnos de temas afines a la GRH, se alinea con la "teoría de caos de carreras" (Kinash et al., 2017), según la cual la mayoría de estudiantes de los primeros años de grado son pesimistas sobre sus prospectos laborales y no se sienten informados ni apoyados en términos de elección y orientación de carrera profesional, especialmente en carreras polivalentes, como son las tratadas en este proyecto. A la vez, aunque cada vez más universidades están intentando enderezar esta necesidad a través de la provisión de servicios u oficinas de carreras para los estudiantes, estudios recientes demuestran que su efectividad puede ser limitada y sería necesario integrar la exploración de carreras en el propio currículum de los planes de estudio (Chin etal., 2020).

3. OBJETIVO DE LA INNOVACIÓN DOCENTE

En respuesta a esta necesidad del contexto actual, la presente iniciativa pretende fomentar la identificación y exploración de carreras profesionales en GRH y la subsiguiente orientación profesional temprana de los estudiantes universitarios de grados polivalentes que incluyen asignaturas de gestión de recursos humanos (principalmente Administración y Dirección de Empresas, Relaciones Laborales, y Psicología). El ámbito concreto en el que se aplica la actuación propuesta son las asignaturas introductorias de Dirección de Recursos Humanos, normalmente obligatorias en estos planes de estudio, y a menudo ubicadas en la primera mitad de estos grados polivalentes.

Las asignaturas introductorias o fundamentales se centran sobre todo en presentar las bases teóricas y marcos conceptuales de cada ámbito temático.

En gestión de recursos humanos, la línea argumental de estos conceptos básicos se articula sobre todo en demostrar los objetivos de la función de recursos humanos y su incardinación en la gestión estratégica de la empresa, así como presentar sus subfunciones (reclutamiento y selección, formación y desarrollo, evaluación del desempeño, compensación, etc.). Esta plantilla se encuentra fuertemente generalizada en una proporción importante de libros de texto, en los currículums de la asignatura en diferentes países, e incluso se ha mantenido estable a lo largo de las últimas décadas (Fan et al., 2024). Si bien estos elementos son los pilares en los que se sustentarán las siguientes asignaturas de los diferentes grados, por su índole conceptual, e incluso cuando la docencia se enfoca desde una vertiente más práctica, las hace difícilmente vinculables a las salidas profesionales en las que desembocaría un itinerario de estudios en el campo de la gestión de recursos humanos. Teniendo en cuenta esta carencia, la motivación de la presente iniciativa es acercar al estudiantado al mundo laboral-profesional del que quizás serán partícipes en el futuro.

En concreto, la iniciativa se orienta a identificar diferentes profesiones en el campo de la GRH, así como los tipos de organizaciones donde se desarrollan estas carreras profesionales, y los correspondientes conocimientos, habilidades y competencias necesarios para acceder a los eventuales puestos de trabajo en este ámbito profesional. Conceptualmente, la propuesta bebe del modelo SOAR (las siglas en inglés de autoconciencia, conciencia de las oportunidades, aspiraciones y resultados) de Kumar (2007) utilizado como marco para el fomento de la empleabilidad en diferentes países anglosajones y aplicado, por ejemplo, en el caso de una asignatura optativa de proyectos en Griffith University en Australia (Reddan, 2015).

4. DESCRIPCIÓN DE LA EXPERIENCIA DOCENTE EN EL AULA

La aplicación de esta iniciativa se concreta en un pack de cuatro prácticas a realizar en el aula, así como en un proyecto de la asignatura en el cual se entrevista a un profesional de RRHH. A continuación, se describen estas actividades prácticas[1]:

Práctica 1: Profesiones en GRH

Objetivos:

Explorar el abanico de carreras profesionales a las que se puede acceder en gestión de recursos humanos, diferenciándolas de otras trayectorias posibles a

[1] Los materiales (instrucciones, propuesta de temporización, etc.) para la realización de estas prácticas pueden obtenerse contactando a los autores.

partir del presente grado universitario. Identificar los roles y entornos organizativos en los que se desarrollan las carreras en gestión de recursos humanos.

Actividad:

En esta actividad se propone a los estudiantes una primera aproximación al conjunto de salidas profesionales vinculadas al ámbito de la gestión de recursos humanos. A partir de la consulta de páginas web de distintas universidades (por ejemplo, una universidad distinta por cada grupo de estudiantes), el alumnado elabora un listado de profesiones accesibles desde su grado universitario (Relaciones Laborales, ADE, etc.), identificando también los contextos organizativos donde estas se ejercen (empresa privada, administración pública, ejercicio profesional como autónomos, funcionariado, etc.).

Posteriormente, se distingue cuáles de las profesiones listadas pertenecen específicamente al ámbito de los recursos humanos. Esta distinción permite introducir la noción de campo profesional y familiarizarse con la terminología específica del área de recursos humanos.

A continuación, se realiza una búsqueda más específica de profesiones propias de la gestión de recursos humanos y se comparan los listados de los distintos grupos de trabajo, lo cual permite observar coincidencias, omisiones y matices.

Por último, se exploran ofertas reales de empleo en portales como Infojobs, LinkedIn u otros similares. A partir de esta búsqueda, se amplía el listado inicial prestando atención a los entornos laborales en los que se sitúan los puestos ofertados, así como a los niveles de responsabilidad y especialización requeridos (por ejemplo, diferenciando entre posiciones especialistas y generalistas, como asistente técnico de onboarding o responsable de selección en el primer caso, o ayudante generalista de RH o responsable estratégico de talento en el de los segundos).

Práctica 2: Características de las profesiones en GRH

Objetivos:

Conocer en qué consisten los puestos de trabajo en GRH. Identificar los perfiles competenciales que el mercado de trabajo requiere a los distintos profesionales de recursos humanos, así como las condiciones laborales ofrecidas en estos puestos.

Actividad:

En esta práctica se analizan en profundidad entre tres y cinco ofertas de empleo reales para puestos similares en el ámbito de la gestión de recursos humanos. A partir de cada una de ellas, se identifican y clasifican tres componentes fundamentales: la descripción del puesto, el perfil profesional y competencial requerido, y las condiciones laborales ofrecidas, cuyos conceptos y características se habrán aprendido en las clases teóricas.

Este análisis permite al alumnado reconocer patrones y divergencias entre puestos similares, tanto en relación con las funciones a desempeñar como en las competencias exigidas y las condiciones ofrecidas. El ejercicio concluye con una puesta en común en el aula que permite contrastar los hallazgos entre diferentes grupos y establecer una visión más amplia de las características actuales del empleo en GRH.

Práctica 3: Visión de los directivos de RH

Objetivos:

Conocer las áreas prioritarias del trabajo en GRH en las organizaciones según la visión de los directivos de RRHH, tanto en el presente como en el futuro. Practicar el lenguaje utilizado por los profesionales de GRH.

Actividad:

Esta actividad parte de la visualización de entrevistas a profesionales de recursos humanos en posiciones directivas, como por ejemplo las disponibles en el portal HR Insights (ej. https://www.il3.ub.edu/hrinsights/) u otros recursos similares.

Durante la visualización, los estudiantes deben identificar diversos aspectos relevantes del contenido de los vídeos, tales como las funciones del departamento de recursos humanos, el papel desempeñado por otros agentes de la función (especialmente mandos intermedios), y la terminología empleada para referirse a distintos perfiles (generalistas, especialistas, mandos, plantilla, etc.).

Asimismo, se presta especial atención a la visión global de la función de gestión de personas que transmiten estos profesionales, así como a los desafíos y tendencias de futuro que identifican en sus intervenciones. Esta práctica ofrece una oportunidad valiosa para familiarizarse con el lenguaje profesional del sector y adquirir una perspectiva actualizada del papel de los recursos humanos en las organizaciones.

Práctica 4: Profesiones en RH del futuro

Objetivos:

Identificar nuevas profesiones y puestos de trabajo en GRH. Comprender por qué serán necesarios. Comparar los perfiles requeridos para ocupar estos nuevos puestos con los perfiles de los puestos actuales.

Actividad:

En esta práctica, el alumnado comienza con una búsqueda en abierto de las profesiones emergentes en el ámbito de la gestión de recursos humanos, mediante términos como "profesiones emergentes", y diversas truncaciones de búsqueda, como "futur*" o "nuev*" en combinación con "recursos humanos".

Una vez identificadas, se comparan estas nuevas profesiones con las estudiadas en las prácticas previas, tanto en términos de funciones como de competencias y entornos de trabajo. Esta comparación permite identificar similitudes y diferencias, tendencias y transformaciones en el perfil profesional de los especialistas en recursos humanos. A partir de la puesta en común de los resultados de la búsqueda de los distintos grupos y un trabajo colaborativo entre ellos, se construye una lista ampliada de profesiones emergentes.

En la segunda parte de esta práctica, cada estudiante selecciona una de las profesiones recogidas en el informe *21 HR Jobs of the Future* (Cognizant, Center for the Future of Work and Future Workplace, 2020) https://www.cognizant.com/en_us/insights/documents/21-hr-jobs-of-the-future-codex5450.pdf u otros similares. Se realiza un resumen del análisis de la descripción del puesto y del perfil requerido de cada uno de estos puestos, comparándolo con una profesión actual equivalente y destacando las diferencias en términos de requisitos formativos y competenciales.

Práctica 5: Proyecto entrevista a un profesional de RH

Objetivos:

Conocer las profesiones y políticas actuales de GRH. Observar las trayectorias profesionales concretas de profesionales de RH. Concienciarse de algunos de los retos actuales de la gestión de personas. Aprender a entrevistar para recabar información relevante a un tema específico.

Actividad:

Este proyecto, que se extiende a lo largo del cuatrimestre, constituye la culminación del conjunto de prácticas, integrando los aprendizajes previos a través de un ejercicio de investigación aplicada. Para ello, el alumnado diseña un guion de entrevista que permita explorar tres grandes bloques de contenido:

1. Las responsabilidades y tareas desempeñadas por el profesional entrevistado.
2. Su trayectoria profesional, incluyendo transiciones, formación y momentos clave.
3. Su visión sobre el futuro de las profesiones en gestión de recursos humanos, tanto a corto como a medio plazo.

Una vez diseñado el guion, cada grupo de estudiantes realiza la entrevista a un/a profesional en activo del ámbito de los recursos humanos. Posteriormente, los resultados de las entrevistas se presentan y discuten en el aula, permitiendo comparar distintos itinerarios profesionales y roles dentro del campo. Esta actividad refuerza la comprensión de la diversidad de profesiones en GRH, fomenta la toma de contacto con la realidad del sector y permite desarrollar habilidades de comunicación profesional y de análisis de información cualitativa.

5. MÉTODOS APLICADOS EN EL DESARROLLO DE LAS PRÁCTICAS

Las prácticas descritas se han diseñado e implementado a partir de metodologías participativas y constructivistas que sitúan al estudiante como protagonista activo de su proceso de aprendizaje (Coll et al., 2007). El enfoque metodológico parte de la premisa de que el conocimiento sobre las profesiones y los roles en la GRH no se adquiere únicamente mediante la transmisión teórica, sino que requiere de una exploración guiada, del contraste con información real, del conocimiento de personas referentes concretas, y de la reflexión crítica sobre los datos encontrados.

Estas prácticas se desarrollan principalmente en el aula, lo que permite al profesorado ofrecer aclaraciones continuas ante posibles dudas—como la identificación de profesiones o la comprensión de ciertos términos técnicos— y fomentar la comparación de resultados entre grupos. Este trabajo colectivo favorece el intercambio de perspectivas y la construcción compartida de conocimiento, elementos clave para comprender la diversidad de trayectorias y funciones existentes en el campo de los recursos humanos.

Una característica distintiva de la metodología utilizada es la realización de búsquedas simultáneas en catalán, castellano e inglés. Esta estrategia no solo amplía el abanico de resultados obtenidos, sino que permite observar diferencias lingüísticas y culturales en la forma de describir los puestos y profesiones, así como familiarizar al alumnado con la terminología especializada en distintos idiomas. Este enfoque multilingüe resulta especialmente útil en un ámbito profesional globalizado como el de los recursos humanos.

En cuanto a la planificación temporal, los cuatro primeros bloques de prácticas están concebidos para ser trabajados en una o dos sesiones de dos horas cada uno. Esto permite una aproximación intensiva pero manejable a temas clave como las salidas profesionales, los perfiles competenciales o los cambios emergentes en el sector. Por su parte, el bloque 5 se plantea como un proyecto a desarrollar a lo largo de todo el cuatrimestre. En él, el alumnado diseña y realiza una entrevista a un/a profesional en activo del ámbito de la GRH, lo que les permite aplicar técnicas de investigación cualitativa, profundizar en una trayectoria profesional concreta y consolidar los aprendizajes adquiridos en las prácticas anteriores mediante un ejercicio de contacto directo con la realidad profesional.

Finalmente, el enfoque de este conjunto de prácticas, basado en la búsqueda de ofertas de empleo actuales, el análisis de discursos profesionales contemporáneos y el contacto directo con profesionales en activo, convierte a estas prácticas en un marco de aprendizaje dinámico y en constante actualización, sensible a los cambios que están experimentando las profesiones en recursos humanos, especialmente en un contexto marcado por la transformación tecnológica y la irrupción de la inteligencia artificial, como se ha apuntado anteriormente.

6. VALORACIÓN, RELEVANCIA E IMPLICACIONES

Hasta el momento, esta iniciativa ha sido implementada en dos ediciones consecutivas dentro del marco de la asignatura Dirección de Recursos Humanos del grado de Relaciones Laborales. En ambas ediciones se aplicó un cuestionario de evaluación destinado a recoger la percepción del alumnado sobre el interés suscitado por estas prácticas centradas en las profesiones en GRH. Los resultados obtenidos han sido consistentemente positivos. En una escala de 1 a 7 puntos, las actividades descritas en este capítulo recibieron valoraciones situadas entre 5 y 7, lo que indica un grado de interés alto por parte del estudiantado. Estas cifras contrastan con las puntuaciones recibidas por el resto de las prácticas de la asignatura, que oscilaron entre 1 y 6 puntos (n = 30 estudiantes en la primera edición; n = 63 en la segunda). Estos datos sugieren que las prácticas centradas en la exploración de las profesiones y trayectorias en GRH no solo resultan relevantes desde el punto de vista pedagógico, sino que también son altamente valoradas por los estudiantes que las realizan, favoreciendo así la implicación del alumnado y el aprendizaje significativo. Actualmente se está trasladando una versión de este paquete de prácticas a la asignatura Dirección de Recursos Humanos de los estudios de Administración y Dirección de Empresas.

Con este paquete de prácticas implementado en el seno de la asignatura introductoria a la gestión de recursos humanos se aspira, pues, a que el alumnado no espere al final de la carrera para empezar su trayectoria profesional, sino que desde muy pronto sea consciente de los campos profesionales en los que se proyecta, iniciando un camino hacia una identidad profesional adquirida progresivamente desde el principio de su grado universitario. En el contexto de las profesiones en GRH, esto puede ser útil tanto para elegirlas como para descartarlas, ya que los estudiantes podrán decidir su vinculación con ella en diferentes capacidades (Fan et al., 2024) sea como futuros profesionales, trabajadores que recibirán las políticas de esta función, o mandos intermedios o directivos que en definitiva acabarán gestionando personas e interaccionando con profesionales de RRHH a lo largo de sus carreras.

A través de esta iniciativa se contribuye a adquirir una cultura de desarrollo profesional desde los inicios de la carrera, que puede tener beneficios tanto prácticos como motivacionales entre el estudiantado. Los beneficios esperados se proyectan también hacia el tejido empresarial y la sociedad en general, puesto que se contribuye al crecimiento de una fuerza laboral más preparada y competente.

En última instancia, los beneficios de esta iniciativa recaen sobre el estudiantado en diferentes horizontes temporales: En un primer momento, al finalizar la asignatura introductoria en dirección de recursos humanos, los estudiantes ya han adquirido un mayor y más realista conocimiento de las oportunidades profesionales relacionadas con su grado, lo que comportará una mayor confianza para imaginar su futuro laboral. A medio plazo, podrán realizar unas elecciones más precisas en los momentos de elección de asignaturas optativas, programas de prácticas, másteres y primeros puestos de trabajo. A largo plazo, su inserción profesional conseguirá ser mejor planificada y con más posibilidades de satisfacción a partir de la posibilidad de una mayor agencia por parte de los estudiantes.

BIBLIOGRAFÍA

Benuyenah, V., & Boukareva, B. (2018). Making HRM curriculum relevant – a hypothetical practitioners' guide. *Journal of Work-Applied Management, 10*(1), 93-100. https://doi.org/10.1108/JWAM-09-2017-0026

Bogdány, E., Cserháti, G., & Raffay-Danyi, Á. (2023). A proposed methodology for mapping and ranking competencies that HRM graduates need. *International Journal of Management Education, 21*(2). https://doi.org/10.1016/j.ijme.2023.100789

Bruni-Bossio, V., & Delbaere, M. (2021). Not Everything Important Is Taught in the Classroom: Using Cocurricular Professional Development Workshops to Enhance Student Careers. *Journal of Management Education, 45*(2), 265-292. https://doi.org/10.1177/1052562920929060

Butler, M. J. R., & Reddy, P. (2010). Developing critical understanding in HRM students. *Journal of European Industrial Training, 34*(8/9), 772-789. https://doi.org/10.1108/03090591011080968

Chin, M. Y., Blackburn Cohen, C. A., & Hora, M. T. (2020). Examining US business undergraduates' use of career information sources during career exploration. *Education + Training, 62*(1), 15-30. https://doi.org/10.1108/ET-05-2019-0103

Cohen, D. J. (2015). HR past, present and future: A call for consistent practices and a focus on competencies. *Human Resource Management Review, 25*(2), 205-215. https://doi.org/10.1016/j.hrmr.2015.01.006

Coll, C., Martín, E., Mauri, T., Miras, M., Onrubia, J., Solé, I., & Zabala, A. (2007). *El constructivismo en el aula.* Graó, Biblioteca de Aula.

Donald, W. E., Ashleigh, M. J., & Baruch, Y. (2018). Students' perceptions of education and employability: Facilitating career transition from higher education into the labor market. *Career Development International, 23*(5), 513-540. https://doi.org/10.1108/CDI-09-2017-0171

Fan, Y., Javadizadeh, B., & Aguilar, M. G. (2024). Human Resource Management Reimagined: A New Perspective on HR Courses for Contemporary Careers. *Journal of Management Education, 48*(2), 231-270. https://doi.org/10.1177/10525629231205604

Farndale, E., Horak, S., Piyanontalee, R., Puffer, S. M., & Vidovi⊠, M. (2025). Looking back to look forward: Disruption, innovation and future trends in international human resource management. *International Business Review, 34*(1), 102362. https://doi.org/10.1016/j.ibusrev.2024.102362

Giannantonio, C. M., & Hurley, A. E. (2002). Executive insights into HR practices and education. *Human Resource Management Review, 12,* 491-511. www.HRmanagementreview.com

Gong, Q., Fan, D., & Bartram, T. (2025). Integrating artificial intelligence and human resource management: a review and future research agenda. *The International Journal of Human Resource Management, 36*(1), 103-141. https://doi.org/10.1080/09585192.2024.2440065

Kinash, S., Crane, L., Capper, J., Young, M., & Stark, A. (2017). When do university students and graduates know what careers they want: A research-derived framework. *Journal of Teaching and Learning for Graduate Employability, 8*(1), 3-21. https://doi.org/10.21153/jtlge2017vol8no1art584

Kumar, A. (2007). *Personal, Academic and Career Development in Higher Education SOARing to Success.* Routledge. https://doi.org/10.4324/9780203938348

Malik, A., Budhwar, P., & Kazmi, B. A. (2023). Artificial intelligence (AI)-assisted HRM: Towards an extended strategic framework. *Human Resource Management Review, 33*(1), 100940. https://doi.org/10.1016/j.hrmr.2022.100940

McEvoy, G. M., Hayton, J. C., Warnick, A. P., Mumford, T. V., Hanks, S. H., & Blahna, M. J. (2005). A Competency-Based Model for Developing Human Resource Professionals. *Journal of Management Education, 29*(3), 383-402. https://doi.org/10.1177/1052562904267538

Navarro Sustaeta, P., & Soler Julve, I. (2014). Las motivaciones de la elección de carrera por los estudiantes universitarios. *Revista De Sociología De La Educación-RASE, 7*(1), 61-81. www.ase.es/rase

Reddan, G. (2015). Enhancing students' self-efficacy in making positive career decisions. *Asia-Pacific Journal of Cooperative Education, 16*(4), 291-300.

Shrivastava, S., Bardoel, E. A., Djurkovic, N., Rajendran, D., & Plueckhahn, T. (2022). Co-creating curricula with industry partners: A case study. *International Journal of Management Education, 20*(2). https://doi.org/10.1016/j.ijme.2022.100646

Syrigou, A., & Williams, S. (2023). Professionalism and professionalization in human resources (HR): HR practitioners as professionals and the organizational professional project. *Journal of Professions and Organization, 10*(2), 151-164. https://doi.org/10.1093/jpo/joad008

Tomlinson, M., & Jackson, D. (2019). Professional identity formation in contemporary higher education students. *Studies in Higher Education, 46*(4), 885-900. https://doi.org/10.1080/03075079.2019.1659763

van Beurden, J., Borghouts, I., van den Groenendaal, S. M., & Freese, C. (2024). How Dutch higher HRM education prepares future HR professionals for the impact of technological developments. *The International Journal of Management Education, 22*(1), 100916. https://doi.org/10.1016/j.ijme.2023.100916

BIOGRAFÍA ABREVIADA DE LOS AUTORES

MIREIA VALVERDE APARICIO. Es catedrática de Gestión de Recursos Humanos en el Departamento de Dirección de Empresas de la Universitat Rovira i Virgili (URV), donde ha desarrollado funciones docentes (grado, posgrado y doctorado), de gestión (coordinadora de área, secretaria de departamento, directora de departamento, coordinadora de programa de doctorado) y de investigación. Ha estudiado y trabajado en diversas universidades de diferentes países. Las líneas de investigación de la Dra. Valverde se encuentran principalmente en la Gestión de Recursos Humanos, centrándose en la implementación de prácticas de gestión de RRHH y la participación de los diferentes actores en los procesos de GRH. Tiene un especial interés por las metodologías de investigación y la innovación docente, actividad en la que ha participado en diversos proyectos, grupos de trabajo, congresos y publicaciones. También forma parte del grupo de formadores de la URV para la Profesionalización de la Supervisión del Doctorado.

GÉNESIS GUARIMATA SALINAS. Es Personal Docente Investigador en el Departamento de Gestión de Empresas de la Universitat Rovira i Virgili (URV) y doctora en Economía y Empresa de la misma universidad. Imparte asignaturas de grado como Técnicas de Decisión Empresarial, Organización de Empresas, Comportamiento Organizacional y Dirección de Operaciones. Ha sido reconocida por su compromiso y labor docente por parte de la universidad y participa activamente en actividades de divulgación científica. Su tesis doctoral, becada por el programa Marie Skłodowska-Curie COFUND (H2020), estudia los programas de formación para directores de tesis doctorales. Sus líneas de investigación incluyen la mejora de la educación doctoral, el desarrollo profesional académico, la innovación docente, la inteligencia artificial y el aprendizaje interorganizacional. Forma parte de la Xarxa de Docència Interdisciplinar de la URV. Antes de incorporarse al ámbito académico, desarrolló su carrera profesional en Venezuela y Ecuador, liderando proyectos educativos y tecnológicos de alcance internacional.

NADIMA HASSAN. Es profesora lectora (ayudante doctora) en Gestión de Recursos Humanos en el Departamento de Gestión de Empresas de la Universitat Rovira i Virgili. Imparte asignaturas como Dirección de Recursos Humanos, Comportamiento Organizacional y Técnicas y Procesos de Selección, entre otras vinculadas al ámbito. Su actividad docente se orienta a conectar los contenidos académicos con la realidad contextual del entorno profesional actual. En el ámbito de la investigación también tiene interés en promover un paradigma contextualizado y multi-rol de la GRH, con especial atención en el departamento de RRHH y los mandos intermedios. Además, desarrolla un proyecto centrado en la profesionalización de la función de RRHH en el contexto contemporáneo de digitalización y cambios disruptivos en las organizaciones.

GERARD RYAN. Es Catedrático de Marketing en el Departamento de Gestión de Empresas de la Universitat Rovira i Virgili. Con 30 años de experiencia académica internacional, ha impartido docencia e investigación en Irlanda, Reino Unido y España. Su investigación se centra en el comportamiento del consumidor, en particular en la experiencia de espera en el sector servicios. Es el investigador principal del grupo de investigación FHOM (Factor Humano, Organizaciones y Mercados), reconocido por la Generalitat de Cataluña. Su principal línea de investigación se encuentra en el estudio del tiempo y la espera en el marketing de servicios. El profesor Ryan ha publicado extensamente en revistas académicas de referencia y es miembro de varios consejos editoriales. También ha sido investigador visitante en la Universidad de Cornell y la Universidad de Limerick. Docente comprometido, imparte docencia en inglés, español y catalán en programas de grado, posgrado, doctorado y ejecutivos.

Capítulo 2

Aprendizaje-Servicio Empleabilidad y Liderazgo: Aplicación del Aprendizaje-Servicio en la materia Gestión de Personas

GUADALUPE VILA-VÁZQUEZ
(ECOBAS, Departamento de Organización de Empresas y Comercialización; Universidade de Santiago de Compostela)

Resumen

El Aprendizaje-Servicio (ApS), metodología que combina el aprendizaje a través de la experiencia con el servicio a la comunidad, se ha posicionado como una herramienta clave para promover la formación ciudadana del alumnado. Formación que resulta fundamental para que, el alumnado de la materia Gestión de Personas, en su futuro laboral, sea capaz de tomar decisiones basadas en principios de índole social y ética. En este capítulo se relata la puesta en práctica de esta metodología y mediante un análisis descriptivo se valoran sus resultados. Los hallazgos sugieren cambios positivos en los estereotipos y prejuicios del alumnado hacia la población gitana, así como, un alto grado de satisfacción del alumnado con el proyecto.

1. INTRODUCCIÓN

La metodología Aprendizaje-Servicio (ApS) –definida por Puig et al. (2007, p.20) como "una propuesta educativa que combina procesos de aprendizaje y de servicio a la comunidad en un solo proyecto bien articulado en el que los participantes se forman al trabajar sobre necesidades reales del entorno con el objetivo de mejorarlo"– se ha consolidado como una herramienta de utilidad para que las instituciones de educación superior puedan dar respuesta a las nuevas habilidades y destrezas que la sociedad demanda de sus egresados (Aramburuzala et al., 2019). Los postulados del Espacio Europeo de Educación Superior (EEES) posicionan a las universidades como agentes responsables de la formación integral del alumnado, apoyando no sólo su transición exitosa al ámbito laboral, si no también, contribuyendo a su formación ciudadana (Martínez Martín, 2006; Naval et al., 2011; Sanchez-Serrano et al., 2025; Santos Rego y Lorenzo Moledo, 2010).

De acuerdo con Santos Rego y Lorenzo Moledo (2010), la formación para la ciudadanía va más allá del conocimiento sobre temas cívicos, incluyendo el interés por las cuestiones que afectan a la sociedad, la sensibilidad moral ante el mundo que lo rodea y la implicación en proyectos de ciudadanía activa dirigidos a mejorarlo. Los proyectos de ApS ofrecen una oportunidad de ser útiles socialmente, ayudando a resolver problemas reales de su entorno, y eso consigue aumentar su conciencia cívica y su participación ciudadana (Blanco-Cano y García-Martín, 2021).

La relevancia del ApS es tal que múltiples instituciones han abogado por la promoción de este tipo de metodologías llegando a convertirlas en prácticas institucionalizadas (Blanco-Cano y García-Martín, 2021; León-Carrascosa et al., 2020). Este es el caso de la Universidade de Santiago de Compostela, quien en el curso 2024-2025 ha sacado la IX Convocatoria de proyectos de Aprendizaje Servicio. Convocatoria en la que se enmarca la experiencia de innovación docente que se describe a continuación.

Tal como indican Sánchez-Serrano et al. (2025, p.3) "Los proyectos de ApS surgen en respuesta a necesidades reales, buscando efectuar mejoras significativas". La necesidad social sobre la que se sustenta el desarrollo de este proyecto radica en la grave situación de exclusión en el mercado laboral que sufre la población de etnia gitana. La falta de cualificación, pero, sobre todo, los prejuicios y prácticas discriminatorias, de las que son víctimas las personas gitanas, representan un importante obstáculo para su empleabilidad. Situación que se complica en mayor medida en el caso de las mujeres gitanas. Estudios previos han demostrado el impacto positivo de los proyectos de ApS, en los que el servicio se presta a población marginal o minorías, en la reducción de los sesgos negativos y la mejora de sus actitudes hacia dicha población (p.ej., García-Romero et al., 2024; Mergler et al., 2017).

El alumnado del grado en Empresa y Tecnología, en su futuro laboral, se enfrentará al reto de liderar equipos de trabajo por lo que resulta fundamental que conozcan las diferencias culturales de los integrantes de sus equipos y abandonen los prejuicios y estereotipos contra determinadas culturas. Asimismo, parte de nuestro alumnado, bien trabajando en departamentos de gestión de personas o bien como supervisores, tendrá una participación activa en los procesos de reclutamiento y selección de personal. El contacto, a través de esta actividad, con la población de etnia gitana, contribuye a favorecer la toma de decisiones basadas en principios de índole social y ética promoviendo así su responsabilidad social.

La finalidad de este proyecto de ApS es que el alumnado que cursa la materia Gestión de Personas del grado en Empresa y Tecnología de la Universidade de Santiago de Compostela pueda mejorar sus competencias profesionales a través de un servicio que mejore la empleabilidad de la población de etnia gitana.

Los objetivos de este proyecto de ApS fueron:

1) Identificar las causas que dan lugar a la discriminación de la población gitana.
2) Adquirir conocimientos sobre la cultura gitana que incrementen la capacidad de liderazgo de equipos en el ámbito empresarial.
3) Conocer modelos de gestión de la diversidad dentro de una entidad experta en programas de empleo a nivel europeo, con especial atención a la situación de las mujeres gitanas.

Este capítulo se estructura de la siguiente forma: En primer lugar, se realiza una breve síntesis acerca de la conceptualización del ApS y se identifican las fases de un proyecto de Aps. En segundo lugar, se describirá la puesta en práctica del proyecto. En el apartado de resultados, se analizan tanto los cambios en estereotipos y prejuicios relativos a la población gitana, como la satisfacción del alumnado participante con respecto al proyecto de ApS en general, las actividades del proyecto con relación a la materia y el servicio realizado. Finalmente se establece la discusión, implicaciones, limitaciones y líneas futuras de trabajo.

2. APRENDIZAJE-SERVICIO

Conceptualización del ApS: ¿Qué es y qué no es?

Existe un amplio consenso a cerca de la concepción del ApS como una metodología educativa que combina el aprendizaje a través de la experiencia con el servicio a la comunidad. Se trata además de una metodología en crecimiento tanto en el ámbito nacional como internacional (García-Romero et al., 2024). Con respecto a los ámbitos de conocimiento, tal como se recoge en la revisión sistemática de la literatura de Salam et al. (2019), los más frecuentes son: ciencias de la salud (el 33% de los estudios recogidos en su revisión pertenecían a este ámbito), seguido de economía y gestión empresarial (17%), ciencias computacionales e informáticas (14%), sociología y justicia (10%) y educación (8%). Presentando el resto de los ámbitos frecuencias mucho menores.

Como indican Blanco-Cano y García-Martín (2021) es importante diferenciar el ApS del voluntariado. Si bien ambos suponen un servicio a la comunidad, el ApS supone una reciprocidad, pues ese servicio se ve recompensado con un aprendizaje. Salam et al. (2019) resaltan que las actividades de ApS implican la aplicación de los aprendizajes académicos al servicio comunitario, mejorando el conocimiento de los contenidos al aplicarlos al mundo real.

El ApS supone cambios importantes con respecto a los roles de estudiante y profesor (Santos Rego et al., 2015). En el ApS el estudiantado adquiere un rol activo en el proceso de aprendizaje y mayor protagonismo en la toma de decisiones. El profesorado, por su parte, se encargará "de aunar los intereses de las otras dos partes (entidad social y alumnado), vigilar la relación de equilibro aprendizaje-servicio y promover la motivación de los participantes" (Vila-Vázquez et al., 2016, p. 142). Y la entidad social colaboradora actúa facilitando el conocimiento, mediante el intercambio de información. Esta característica del ApS también supone una clara diferenciación con el voluntariado, en el cual el papel de las entidades sociales se limita a ser meras receptoras de ayuda.

Fases de un proyecto de ApS

De acuerdo con Santos Rego et al. (2018) las fases a seguir para el desarrollo de un proyecto de ApS son las siguientes:

1) Fase inicial: En esta fase partiendo de los aprendizajes que se busca que desarrolle el alumnado, el docente debe buscar los socios con los que colaborar, detectar las necesidades sociales sobre las que trabajar, establecer los objetivos del proyecto, planificar el servicio a realizar y motivar al alumnado para conseguir su implicación en el proyecto.

2) Desarrollo: Durante esta fase se diseña e implementa el proyecto de ApS. Esta fase comienza con la toma de contacto del alumnado con la entidad colaboradora. A lo largo de esta fase resulta fundamental el seguimiento del proceso por parte del profesorado. El profesorado tiene que actuar como mediador, permitiendo la autonomía del alumnado, y ofreciendo apoyo y asesoramiento a aquellos que lo necesiten. Resulta de vital importancia la difusión de las distintas actividades que se vayan realizando a través de blogs, paginas web de las facultades o redes sociales, así el proyecto se irá consolidando y adquiriendo prestigio, lo que facilitará las ediciones futuras.

3) Cierre: Esta fase conlleva una reflexión sobre la experiencia. En primer lugar, se han de valorar los resultados de la actividad desde un punto de vista formativo. También conviene reflexionar acerca de cómo ha funcionado el trabajo conjunto con la entidad colaboradora. En este punto resulta de interés valorar cómo se puede mejorar el proyecto de cara a futuras ediciones. Asimismo, este es el momento de divulgar los resultados. La divulgación y el debate resultante de la misma facilitarán

la reflexión proporcionándonos nuevos puntos de vista y dándonos pistas acerca de los aspectos a mejorar.

3. METODOLOGÍA

Entidad colaboradora

La entidad colaboradora es Fundación Secretariado Gitano, en concreto, se colaboró con la delegación de Lugo. La Fundación Secretariado Gitano se estableció como fundación en 2001, aunque sus orígenes como asociación se remontan a 1982.

La Fundación Secretariado Gitano lleva a cabo diversas iniciativas que buscan garantizar la plena integración de las personas de etnia gitanas, mejorar su calidad de vida, fomentar la igualdad de derechos y prevenir cualquier tipo de discriminación, además de promover el reconocimiento de la identidad cultural de la comunidad gitana.

Fases del proyecto

Buscando alcanzar los objetivos fijados se llevaron a cabo una serie de actuaciones, que agruparemos de acuerdo con lo estipulado por Santos Rego et al. (2018):

Fase inicial: Esta fase consistió en el establecimiento de un contacto inicial entre la docente y la entidad social con la colaboración del servicio de participación y voluntariado de la USC. Durante esta fase se llevaron a cabo dos reuniones con el personal de la Fundación Secretariado Gitano para la formulación de un proyecto que diera respuesta a las necesidades, tanto formativas del alumnado como de la propia Fundación. El contacto y la colaboración conjunta fueron los dos pilares fundamentales en los que se sustentó el proyecto.

Desarrollo: Durante esta fase se llevaron a cabo dos charlas a cargo del personal de la fundación. En la primera se introdujo la labor de la Fundación y se departió acerca de la cultura gitana, desmintiendo ciertos mitos; al mismo tiempo que, se hizo reflexionar al alumnado acerca de la discriminación que no solo sufre, si no lleva sufriendo la población gitana desde tiempos remotos. Esta charla se dirigió tanto al alumnado de la materia como al resto del alumnado de la facultad y al público en general. La segunda charla se produjo en una de las sesiones de la materia, en esta segunda sesión se trataron los programas que lleva a cabo la Fundación con un énfasis especial en aquellos dirigidos a las mujeres gitanas. La realización de ambas charlas fue difundida a través de la página web de la Universidade de Santiago de Compostela, las redes de la Facultad de Administración y Dirección de Empresas de dicha universidad y las redes de la entidad colaboradora.

Tras la toma de contacto, el alumnado tuvo un tiempo de aproximadamente 3 semanas para preparar y presentar su propuesta de intervención para mejorar la empleabilidad de las personas usuarias de la Fundación. La presentación de la propuesta era voluntaria, en grupo y conllevaba el compromiso de su puesta en práctica. Revisada la propuesta por la docente de la materia y el personal de la Fundación, se seleccionaron varias acciones formativas: formación básica de Word y Excel, preparación de currículo vitae y carta de presentación, gestión de la imagen en redes sociales y preparación de entrevistas de trabajo. Estas actividades fueron llevadas a cabo en dos sesiones, una en el centro de la Fundación y otra en la facultad. El papel del profesorado durante esta fase fue el de facilitador, observado de cerca todo el proceso al mismo tiempo que le daba autonomía al alumnado para el desarrollo de sus propuestas.

Fase de cierre: Durante esta fase se reflexionó acerca del desarrollo del proyecto y los resultados obtenidos con el mismo. Antes de comenzar el proyecto el alumnado cubrió una encuesta de estereotipos y prejuicios que se volvió a pasar al finalizar el ApS. El fin era comparar si hubo cambios derivados del proyecto, por lo que se procedió a comparar las respuestas iniciales con las finales. También se valoró la satisfacción de las distintas partes implicadas con el desarrollo del proyecto. De esta valoración surgieron propuestas de mejora que se espera poder implantar de cara al curso siguiente. Esta fase también conlleva la divulgación de la experiencia, a través de su presentación en jornadas y/o congresos de innovación docente.

4. RESULTADOS

Los resultados del proyecto incluyen tanto el análisis del cambio en los estereotipos y prejuicios del alumnado hacia la población gitana, como los derivados de la satisfacción del alumnado con el proyecto. La encuesta de estereotipos y prejuicios inicial, realizada en septiembre de 2024, fue cubierta por el 100% del alumnado participante (20 alumnas y alumnos de la materia Gestión de Empresas). Mientras que las encuestas realizadas al finalizar el proyecto, diciembre del 2024, fueron cubiertas por un 90% del total de participantes en el proyecto (18 alumnas y alumnos). Por lo tanto, el tamaño muestral es de 18 alumnas y alumnos.

La comparativa de la encuesta realizada antes de dar comienzo el proyecto (T1) y tras la finalización de este (T2), muestra una serie de cambios en los estereotipos y prejuicios del alumnado hacia la población gitana. Así, por ejemplo, tal como se muestra en la tabla 1, mientras que en un primer momento más del 83% del alumnado consideraba que los estereotipos asignados a las personas gitanas eran muchas veces ciertos, en T2, el 61% considera que suelen ser tópicos basados en el desconocimiento.

Tabla 1. ¿Son reales los estereotipos que se asignan a las personas gitanas?

	T1	%	T2	%
No, suelen ser tópicos basados en el desconocimiento	2	11,11%	11	61,11%
Muchas veces son ciertos	8	83,33%	6	33,33%
Si tienen esa fama, por algo será	1	5,56%	1	5,56%

En cuanto a la consideración respecto a la comunidad gitana esta también varió, aunque ligeramente, incrementándose el porcentaje de alumnado que la considera diversa y heterogénea (ver tabla 2).

Tabla 2. La comunidad gitana es:

	T1	%	T2	%
Diversa y heterogénea, hay de todo	14	77,78%	16	88,89%
Inadaptada socialmente	2	11,11%	2	11,11%
Marginal	2	11,11%	0	0,00%

Tal como se muestra en la tabla 3, tras la finalización el proyecto, el alumnado otorga más importancia al conocimiento de la cultura gitana para ayudar a comprender las actitudes y comportamientos de las personas gitanas en el ámbito laboral.

Tabla 3. A la hora de trabajar con personas gitanas, ¿considera que le resultaría útil conocer aspectos de la cultura gitana?

	T1	%	T2	%
Si, y habría que hacerlo con todas las minorías étnicas y culturales que residen en nuestro país	4	22,22%	2	11,11%
Si, me ayudaría a comprender actitudes y comportamientos de las personas gitanas	6	33,33%	12	66,67%
No creo que la cultura gitana sea tan diferente a la nuestra	8	44,44%	4	22,22%

Asimismo, tras la finalización del proyecto, un mayor porcentaje del alumnado comprende la importancia de la gestión de la diversidad en las empresas para su buen funcionamiento (ver tabla 4).

Tabla 4.Implantar un plan de gestión de la diversidad en las empresas:

	T1	%	T2	%
Contribuiría a mejorar el funcionamiento de la empresa	15	83,33%	17	94,44%
No es una competencia de la gestión de personas	0	0,00%	1	5,56%
No cambiaría las cosas	3	16,67%	0	0,00%

Para valorar la satisfacción del alumnado con el proyecto se realizó un estudio de tipo descriptivo, empleando como instrumento de recogida de información una encuesta compuesta por escalas de diferencial semántico, proporcionada por Santos Rego et al. (2018), que trata de valorar tres aspectos: (1) el proyecto de ApS en general, (2) las actividades del proyecto en relación a la materia y (3) el servicio realizado. Cada una de ellas está compuesta de una serie de ítems bipolares con cinco opciones de respuesta (correspondiéndose el 1 con la valoración más negativa y el 5 con la más positiva).

A continuación, se muestran, a través de una serie de gráficos, las valoraciones medias obtenidas para los distintos atributos que forman parte de los tres aspectos medidos.

Gráfico 1. Valoración de los atributos del proyecto

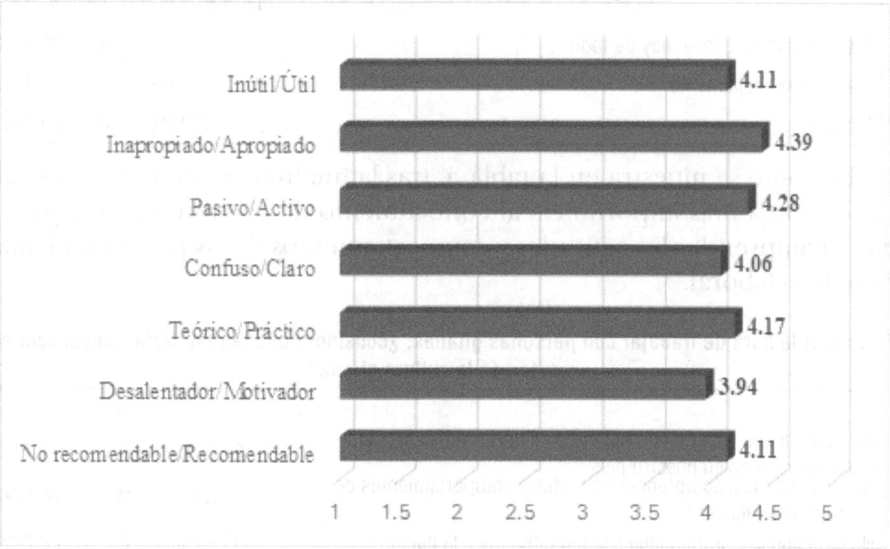

Tal como se observa en el gráfico 1, las valoraciones del proyecto son muy buenas en todos los atributos de este. No obstante, el alumnado destaca su pertinencia (4,39 inapropiado/apropiado), así como su componente activo (4,28) y práctico (4,17).

Gráfico 2. Valoración de las actividades del proyecto en relación con la materia

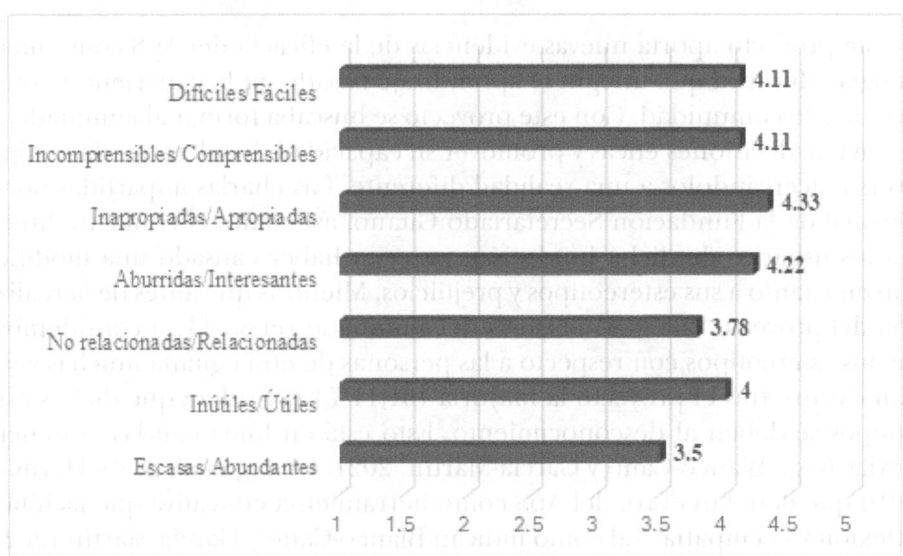

Asimismo, tal como se observa en el gráfico 2, las actividades del proyecto en relación con la materia también obtienen buenas valoraciones. Cabe destacar el peso de los atributos apropiación e interés, con puntuaciones de 4,33 y 4,22 sobre 5, respectivamente.

Gráfico 3. Valoración del servicio realizado

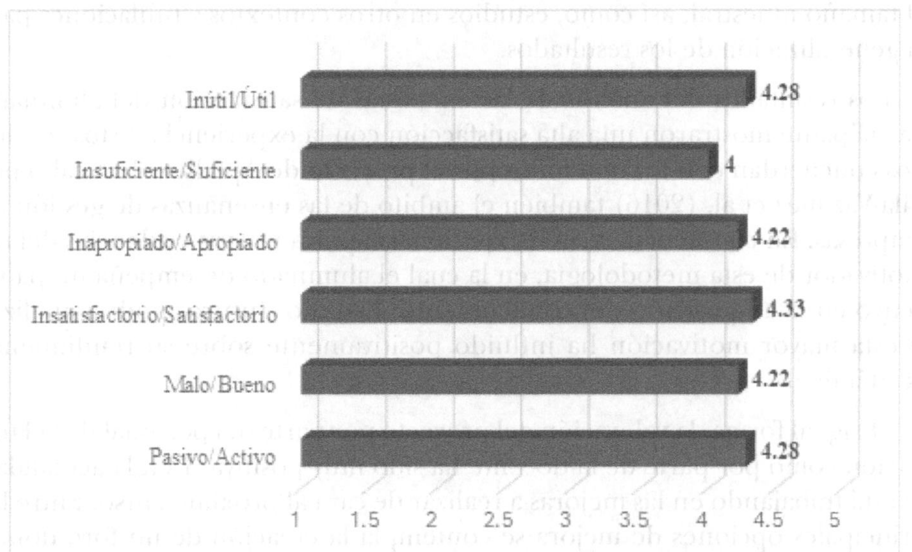

En cuanto al servicio realizado, tal como se evidencia en el gráfico 3, este ha considerado como útil (4,28), apropiado (4,22), satisfactorio (4,33), bueno (4,22) y activo (4,22); y en menor medida como suficiente (4).

5. DISCUSIÓN, IMPLICACIONES, LIMITACIONES Y LÍNEAS FUTURAS

Este proyecto aporta nuevas evidencias de la eficacia del ApS como metodología educativa que integra el aprendizaje basado en la experiencia con el servicio a la comunidad. Con este proyecto se buscaba formar al alumnado en la toma de decisiones éticas y promover su capacidad de liderazgo de equipos diversos acercándolos a una realidad diferente. Las charlas impartidas por el personal de la Fundación Secretariado Gitano, así como, el contacto directo con los usuarios de dicha fundación, parecen haber causado una modificación en cuanto a sus estereotipos y prejuicios. Mientras que antes de la realización del proyecto una gran mayoría del alumnado (el 83,33%) consideraban que los estereotipos con respecto a las personas de etnia gitana muchas veces eran ciertos, tras el proyecto la mayoría (61,11%) considera que dichos estereotipos se deben al desconocimiento. Esto está en línea con las evidencias previas (e.g., Blanco-Cano y García-Martín, 2021; Chang et al, 2019; Herman, 2019) que denotan el rol del ApS como herramienta educativa que facilita la reflexión y la empatía. Tal como indican Blanco-Cano y García-Martín (2021) el ver de cerca los problemas sociales mejora significativamente la empatía del estudiantado, ya que necesitan comprender lo que está pasando para tratar de solucionarlo. Con respecto al resto de aspectos analizados, si bien se observan ciertas mejoras tras la realización del proyecto, son de menor magnitud. Asimismo, debido al tamaño de la muestra no es posible concluir que estas mejoras sean significativas. Se requieren futuros estudios que permitan aumentar el tamaño muestral, así como, estudios en otros contextos y titulaciones para la generalización de los resultados.

Los resultados del análisis de las encuestas de satisfacción del alumnado participante mostraron una alta satisfacción con la experiencia. Estos resultados concuerdan con los obtenidos por el proyecto de ApS llevado a cabo por Vila-Vázquez et al. (2016) también el ámbito de las enseñanzas de gestión de empresas. En consecuencia, esta experiencia aporta nuevas evidencias del rol motivador de esta metodología, en la cual el alumnado desempeña un papel activo en la adquisición del conocimiento. Estudios futuros podría analizar si esta mayor motivación ha influido positivamente sobre su rendimiento académico.

De igual forma, la valoración del proyecto por parte del personal de la Fundación como por parte de la docente ha sido muy positiva. Y en la actualidad se está trabajando en las mejoras a realizar de cara al próximo curso. Entre las principales opciones de mejora se contempla la creación de un foro donde también participen posibles empresas empleadoras.

Agradecimientos: La autora de este capítulo agradece a Fátima Teixeiro Vázquez, Agente de Voluntariado, Participación y Cooperación del Campus de Lugo, su apoyo e implicación durante las distintas fases del proyecto.

BIBLIOGRAFÍA

Aramburuzabala, P., L. McIlrath, & H. Opazo. 2019. *Embedding Service Learning in European Higher Education: Developing a Culture of Civic Engagement.* Routledge. ISBN 9781138089730

Blanco Cano, E., & García Martín, J. (2021). El impacto del aprendizaje-servicio (ApS) en diversas variables psicoeducativas del alumnado universitario las actitudes cívicas, el pensamiento crítico, las habilidades de trabajo en grupo, la empatía y el autoconcepto. Una revisión sistemática. *Revista complutense de educación, 32*(4), 639-649. https://doi.org/10.5209/rced.70939

Chang, B. A., Karin, E., Davidson, Z. A., Ripp, J., & Soriano, R. P. (2019). Impact of a Short-Term Domestic Service-Learning Program on Medical Student Education. *Annals of Global Health, 85*(1), 1-7. https://doi.org/10.5334/aogh.2465

García-Romero, D, Macías-Gómez-Estern, B., Martínez-Lozano, V. & Lalueza ,J. L. (2024). El aprendizaje auténtico en el aprendizaje-servicio: Aprendizaje teórico y cambio identitario. *Revista de educación, 1*(404), 81-107. *https://doi.org/10.4438/1988-592X-RE-2024-404-618*

Herrmann, A. D. (2019). Service-learning and professional values development of baccalaureate nursing students. *Nursing Education Perspectives, 41*(9), 47-49, https://doi.org/10.1097/01.NEP.0000000000000484

León-Carrascosa, V., Sánchez-Serrano, S., & Belando-Montoro, M. R. (2020). Diseño y validación de un cuestionario para evaluar la metodología Aprendizaje-Servicio. *Estudios sobre educación, 39*, 247-266. https://doi.org/10.15581/004.39.247-266

Martínez Martín, M. (2006). Formación para la ciudadanía y educación superior. Revista *iberoamericana de educación* (42), 85-102. https://doi.org/10.35362/rie420763

Mergler, A., Carrington, S.B., Boman, P., Kimber, M. P., & Bland, D. (2017). Exploring the Value of Service– learning on Pre-service Teachers. *Australian Journal of Teacher Education,* 42(6), 69-80. https://doi.org/10.14221/ajte.2017v42n6.5

Naval, C., García, R., Puig, J. & Santos, M. A. (2011). La formación ético-cívica y el compromiso social de los estudiantes universitarios. *Encounters on Education,* 12, 77-91.

Puig, J. M., Batlle, R., Bosch, C. & Palos, J. (2007). *Aprendizaje-servicio. Educar para la ciudadanía.* Barcelona: Octaedro.

Salam, M., Awang Iskandar, D. N., Ibrahim, D. H. A., & Farooq, M. S. (2019). Service learning in higher education: A systematic literature review. *Asia Pacific Education Review,* 20, 573-593. https://doi.org/10.1007/s12564-019-09580-6

Sánchez-Serrano, S., Belando-Montoro, M. R., & León Carrascosa, V. (2025). Eficacia percibida y perfiles estudiantiles en el Aprendizaje-Servicio universitario. *Revista de Educación,* 1(407), 1-27. https://doi.org/10.4438/1988-592X-RE-2025-407-651

Santos Rego, M. Á., & Lorenzo Moledo, M. d. M. (2010). Dimensión cívica y desarrollo formativo de los estudiantes universitarios en el contexto español. *Revista electrónica de investigación educativa,* 12(SPE), 1-16.

Santos Rego, M. Á., Sotelino Losada, A., & Lorenzo Moledo, M. d. M. (2015). *Aprendizaje-servicio y misión cívica de la universidad: Una propuesta de desarrollo.* Barcelona: Octaedro

Santos Rego, M. Á., Lorenzo Moledo, M., Mella Núñez, I., Sotelino Losada, A., Álvarez Castillo, J. L., Jover Olmeda, G., Naval, C., & Pérez Pérez, C. (2018). *Guía para la institucionalización del aprendizaje-servicio en la universidad.* Santiago de Compostela, Servicio de Publicacións e Intercambio Científico.

Vila-Vázquez, G., Castro-González, S, Barreiro-Fernández, B., & Losada-Pérez, F. (2016). Aprendizaje-servicio en la gestión empresarial. *Revista Internacional de Investigación e Innovación en Didáctica de las Humanidades y las Ciencias,* (3), 139-149.

BIOGRAFÍA ABREVIADA DE LOS AUTORES

GUADALUPE VILA-VÁZQUEZ es profesora contratada doctora en el departamento de Organización de Empresas y Comercialización de la Universidade de Santiago de Compostela. Asimismo, forma parte del equipo de ECOBAS (Economics and Business Administration for Society) un centro de investigación interuniversitario especializado en el estudio de la sostenibilidad. Sus intereses actuales de investigación incluyen la gobernanza de las ciudades, la responsabilidad social de las empresas y la gestión de las personas en las organizaciones, manteniendo como hilo conductor común la búsqueda de la sostenibilidad. Sus investigaciones sobre estos tópicos han sido publicadas en revistas tales como *Business Ethics, Environment and Responsibility, Current Psychology, Leadership and Organization Development Journal, Service Industries Journal* y *Social Responsibility Journal,* entre otras.

Capítulo 3

Diseño asistido por IA de viñetas cómic para la enseñanza de competencias de innovación: un análisis de viabilidad y aceptación estudiantil

JUAN A. MARÍN GARCÍA
(DOE-Universidad Politécnica de Valencia)

JUAN MARTÍNEZ TOMÁS
(DOE-Universidad Politécnica de Valencia)

Resumen

Este estudio explora la implementación de una entrevista factorial con viñetas tipo cómic como herramienta educativa en el contexto de la educación superior en gestión empresarial. Partiendo del modelo de competencia de innovación SINCOE, la investigación describe el proceso y examina la viabilidad de los dos tipos de recursos, diseñados con asistencia de inteligencia artificial. Se evaluó tanto la carga de trabajo en el diseño de materiales como la aceptación por parte de los estudiantes. Los resultados, analizados bajo el modelo de aceptación tecnológica (TAM), con un grupo de 50 estudiantes de segundo curso del grado de logística de la Universitat Politècnica de Valencia, proporcionan evidencia sobre la viabilidad de esta metodología y su potencial para mejorar el aprendizaje experiencial en contextos empresariales.

1. INTRODUCCIÓN

Las viñetas son un método de recogida de datos usado en la investigación en gestión de recursos humanos y otras áreas de las ciencias sociales, ya que ofrecen la posibilidad de obtener información sobre las normas sociales, percepciones y actitudes de una manera más realista y contextualizada en comparación con las preguntas habituales en encuestas tradicionales (Shamon et al., 2022; Weijters et al., 2021). Las preguntas en las encuestas tradicionales tienden a ser abstractas y carecer de un contexto específico.

Las viñetas son escenas cortas que se centran en un momento, actividad, comportamiento o información sobre un personaje, una idea o un escenario hipotéticos específicos. que varían sistemáticamente en varios atributos o factores (Liebe et al., 2020; Shamon et al., 2022; Weijters et al., 2021). Las viñetas suelen apoyarse en detalles descriptivos para transmitir su mensaje a la persona receptora sin citar explícitamente las dimensiones o variables clave del estudio. Las viñetas presentan escenarios que permiten a las personas encuestadas imaginar un contexto concreto y responder en base a él. Al proporcionar un contexto, las viñetas ayudan a comprender mejor la situación en contextos complejos (Gupta, 2024) y a dar respuestas más precisas y realistas, mejorando así la validez ecológica de los resultados (Liebe et al., 2020; Shamon et al., 2022; Weijters et al., 2021). Es decir, los resultados obtenidos mediante viñetas tienen una mayor probabilidad de reflejar el comportamiento real de las personas en situaciones cotidianas (Liebe et al., 2020; Shamon et al., 2022; Weijters et al., 2021). Entre otras cosas, permiten estudiar temas sensibles o difíciles de observar en la vida real sin las limitaciones éticas, de confidencialidad, de acceso o presupuestarias que podrían surgir en otros métodos. Además, estandariza las situaciones reduciendo la heterogeneidad. Aunque también podría amplificar algunos sesgos si no reflejan con precisión las situaciones que pretenden representar (Aguinis & Bradley, 2014).

Las viñetas pueden presentarse en diversos formatos (texto o tabular) (Shamon et al., 2022), o incluso imágenes, audio, vídeo o realidad virtual, para aumentar la inmersión y el realismo de la experiencia para las personas participantes.

Las viñetas son especialmente útiles cuando se usan en encuestas factoriales, una metodología con cierta presencia en la investigación en ciencias sociales, particularmente en el campo de los recursos humanos y el comportamiento organizacional. Esta metodología combina elementos experimentales tradicionales con técnicas de encuesta, permitiendo a las personas investigadoras examinar el modo en que múltiples factores influyen simultáneamente en los procesos de toma de decisiones y juicios. Las encuestas factoriales presentan a los participantes una serie de viñetas o escenarios cuidadosamente construidos, donde diferentes factores o dimensiones son sistemáticamente manipulados. Esta manipulación permite analizar el impacto relativo de cada factor en las decisiones o evaluaciones de las personas participantes.

2. REVISIÓN DE LITERATURA

En el contexto de diseños factoriales, las viñetas se crean combinando diferentes niveles de los atributos (Liebe et al., 2020; Shamon et al., 2022). Esto permite manipular los atributos de forma controlada para evaluar el impacto de cada atributo en las respuestas de las personas encuestadas (Liebe et al., 2020). Posteriormente, las personas encuestadas evalúan las viñetas en función de criterios específicos, como la aprobación, la equidad, la intención de comportamiento o la probabilidad de un evento (Liebe et al., 2020). Los datos recogidos en las encuestas factoriales se analizan posteriormente mediante modelos multivariantes (Weijters et al., 2021).

Las tendencias recientes en encuestas factoriales incluyen la integración de elementos visuales y tecnologías inmersivas, así como el uso de diseños adaptativos que optimizan la presentación de escenarios basándose en respuestas previas (Erfanian et al., 2020; Kim & Yang, 2024).

La investigación en contextos de aprendizaje no es abundante y casi siempre se relaciona con estudios vinculados con medicina o pedagogía. No hemos encontrado trabajos en el área de gestión de empresas. En los contextos estudiados, las viñetas han demostrado ser herramientas efectivas para mejorar el aprendizaje (Allibaih & Khan, 2015; Nendaz et al., 2000). Concretamente, en el desarrollo de ciertas competencias complejas (Nkhoma et al., 2023; Renta-Davids et al., 2020), como por ejemplo el pensamiento crítico (Chau et al., 2001). También se ha comprobado que son, al menos, tan efectivas como la observación directa para el aprendizaje de conocimientos (Jeffries & Maeder, 2011). Comprobando, al menos en contextos limitados, que no han sido excesivamente replicados, la validez de las viñetas como herramientas de evaluación del conocimiento (van Sassen et al., 2023; Wildbrett et al., 2022).

No hemos encontrado apenas investigación relacionada con la presentación de viñetas en formato comic (texto e imágenes juntas). No obstante, según la teoría cognitiva del aprendizaje multimedia (Mayer, 1997; Mayer & Moreno, 2003) y el modelo de memoria de trabajo (Baddeley, 2003, 2010), parece que las personas aprenden más efectivamente cuando se les presenta información tanto en forma verbal como visual. Esto se debe a que el cerebro procesa la información visual y verbal en dos canales distintos y se crean conexiones entre ellos. Estas conexiones múltiples fortalecen la memoria y facilitan la recuperación, permitiendo una comprensión más completa y profunda cuando ambos canales están involucrados simultáneamente.

El uso de viñetas estaría relacionado con el aprendizaje experiencial. Las viñetas proporcionan experiencias concretas simuladas que pueden ser objeto de reflexión, de modo que permiten ciclos de conceptualización abstracta y experimentación activa, facilitando la conexión entre teoría y práctica profesional. Además, aprovechan el efecto motivacional del uso de situaciones verisímiles (Skilling & Stylianides, 2019). Las viñetas recrean contextos auténticos de práctica profesional y pueden promover el desarrollo de identidad profesional, permiten modelar procesos de pensamiento experto y facilitan la transferencia de aprendizaje a situaciones reales. En el fondo, las viñetas activan esquemas mentales previos, facilitan la organización y recuperación de información y promueven el desarrollo de modelos mentales.

También permiten aproximarse el diseño experimental en contextos de ciencias sociales, donde no es tan sencillo implementarlo debido a restricciones prácticas o éticas. La posibilidad de aleatorizar los factores entre viñetas y la posibilidad de mostrarlas en orden aleatorio son una ayuda en este sentido.

Siguiendo las guías de reporte de experiencias educativas (Marin-Garcia & Alfalla-Luque, 2021), en este trabajo nos planteamos analizar la viabilidad del diseño de viñetas comic desde dos perspectivas. Por un lado, la carga de trabajo para el diseño de los materiales, asistidos por inteligencia artificial. Por otro, la predisposición de los-as estudiantes sobre para adoptar los recursos tipo comic. Para este objetivo además de analizar cualitativamente las respuestas abiertas de los estudiantes, haremos una adaptación y validación del modelo de aceptación de tecnología (Davis et al., 1989; Mathieson et al., 2001).

3. METODOLOGÍA

Hemos intentado equilibrar el realismo de los escenarios con un número asumible de factores, teniendo en cuenta que cada factor adicional aumenta exponencialmente la complejidad del diseño (Aguinis & Bradley, 2014; Auspurg & Hinz, 2015; Chau et al., 2001; Dülmer, 2016). Creamos 10 perfiles de personas candidatas a un puesto cuyo requisito era únicamente tener competencia de innovación. Se realizó un diseño factorial con dos niveles (bajo y alto) en cada una de las 5 dimensiones del modelo de competencia de innovación SINCOE (Marin-Garcia et al., 2023). Para ello, utilizamos SPSS v.24 (IBM Corp., Released 2016).

Los perfiles proporcionaban descripciones detalladas en formato narrativo, cada viñeta consistía en aproximadamente 200 palabras (figura 1). Por otro lado, los materiales en cómic transmitían el mismo texto a través de una combinación de ilustraciones y texto breve, diseñados para ser equivalentes en contenido, pero diferentes en presentación (figura 2). En la versión utilizada en esta experiencia, todo el texto de la descripción estaba en un solo párrafo. Mientras que en el comic estaba partido en dos o tres párrafos (uno por viñeta). Esto puede haber condicionado la elección de algunos grupos. Para versiones posteriores hemos homogeneizado el tamaño de la letra (es la misma en los dos formatos) y se ha partido la información en el mismo número de párrafos en las dos versiones (y en el mismo punto del texto).

Candidata 07

En mi puesto como asistente de marketing en una empresa de moda, he tenido la oportunidad de desarrollar mis habilidades en el área de la moda y el marketing digital. Además, colaboro esporádicamente con una ONGD en temas de sostenibilidad. Recientemente, se presentó una situación en la empresa en la que debíamos lanzar una nueva colección de ropa para la temporada de primavera. Comencé por investigar las tendencias actuales de moda sostenible y las iniciativas de responsabilidad social en la industria de la moda. Mi equipo la idea de crear una colección utilizando materiales orgánicos y reciclados, con diseños atrevidos y atractivos. Una persona de mi equipo propuso establecer una colaboración con una ONGD local, que trabaja con comunidades locales en la producción de textiles sostenibles. Yo soy muy buena analizando las ventajas e inconvenientes de esas propuestas y, la verdad, es que son ideas excelentes que cumplen a la perfección con lo que necesitamos y nos haría lograr varios objetivos. Yo alucino como pueden llegar a generar ideas de ese tipo. Para mi que se "fuman" algo porque si no, no se cómo lo consiguen. Trabajé codo a codo con mi equipo en la creación del plan de marketing para promocionar la colección y su mensaje de sostenibilidad y responsabilidad social. Sin embargo, lo paso fatal cuando tengo que acudir a eventos de la industria de la moda o en otros eventos relevantes para el sector donde apenas conozco a gente. También me cuesta encontrar oportunidades para establecer alianzas estratégicas con otras empresas del sector de la moda o con otras organizaciones relacionadas con la sostenibilidad y el medio ambiente. La colección fue bien recibida por el público y logró generar un gran impacto en las redes sociales y en la prensa especializada. La colaboración con la ONGD local también recibió una gran atención y logró aumentar la conciencia sobre la sostenibilidad en la industria de la moda.

Figura. 1. *Descripción de perfil en texto*

Figura. 2. *Descripción de perfil en comic*

El estudio se realizó en un entorno de aula, involucrando un taller de dos horas con 50 estudiantes. Cada persona fue asignada aleatoriamente a grupos de cinco. La tarea consistía en ordenar de mayor a menor competencia de innovación cada una de las personas candidatas. Cada grupo recibió un ejemplo de perfil tanto en formato texto como en formato cómic y la primera decisión consistía en decidir si se quería trabajar con perfiles en texto o en comic y justificar esa decisión. Al acabar la actividad cada estudiante fue invitado a completar un cuestionario basado en el modelo de aceptación de tecnología (TAM) (Davis et al., 1989; Mathieson et al., 2001).

Para la validación del modelo TAM hemos seguido los pasos de Marin-Garcia (2018).

4. RESULTADOS

Diez de los once grupos prefirieron el formato comic. Las principales razones para ello fueron el que las viñetas de dibujo ofrecían información adicional, que les permitía valorar mejor la posible competencia de innovación de cada persona candidata a partir del contexto donde había trabajado o del aspecto de la persona o de otros elementos visuales que contenía la viñeta. También consideraban que ellos como equipo eran más innovadores si elegían un modelo más original como puede ser el comic, en lugar de la descripción en texto, que es lo habitual en los recursos usados por sus profesores-as en la universidad. También se consideraba el comic como un formato más sencillo, menos aburrido y más amable para ver la información (ya que se presentaba la información partida en tres párrafos).

El único grupo que prefería el formato texto dio esta razón: "Aunque el cómic es un formato más creativo hemos creído conveniente escoger el formato texto. Esto se debe a que es un formato más formal y adecuado para el contexto en el que nos encontramos, que es una selección de personal".

Todos los ítems tienen un rango amplio de respuestas (tabla 1). Solo 4 ítems tienen un efecto suelo (estos ítems no tienen ninguna respuesta que llegue al mínimo de la escala y su mínimo se sitúa en el valor 1 o el valor 2) y ninguno tiene efecto techo (en la muestra todos los ítems tienen alguna respuesta en el valor máximo de la escala).

Tabla 1. Estadísticos descriptivos de los ítems escala TAM

	N	Mínimo	Máximo	Media	Desviación estándar
[Encuentro los perfiles de cómic claros y comprensibles.]	47	1	6	4,57	1,175
[En general, considero que los perfiles de cómic son fáciles de entender]	47	2	6	4,87	0,992
[Es fácil acceder a la información de los perfiles de cómic]	47	0	6	4,38	1,344
[Es más fácil realizar la tareas y resolver el problema utilizando perfiles de cómic que de otra manera]	47	0	6	3,89	1,402
[Usar perfiles de cómic requiere menos esfuerzo mental que una descripción de texto únicamente]	47	0	6	4,17	1,537
[La tarea de comparar perfiles es más fácil con los perfiles de cómic]	47	0	6	4,23	1,289
[Los perfiles de cómic mejoran el rendimiento de mi equipo]	47	0	6	3,87	1,541
[Encuentro más divertido trabajar con perfiles de cómics]	47	1	6	4,85	1,215
[El uso de perfiles de cómic hace que la identificación de perfiles sea más efectiva]	47	1	6	4,30	1,366
[El uso de perfiles de cómic facilita la realización de las tareas]	47	0	6	4,17	1,372
[En general, considero que los perfiles de cómic son útiles]	47	1	6	4,34	1,273
[Los perfiles de cómic me ayudarían a mejorar la eficiencia y la calidad de la clasificación]	47	0	6	4,00	1,574
[Ahorro tiempo/aumenta mi productividad con los perfiles de cómic]	47	0	6	4,15	1,560
[Los perfiles de cómic empeoran la calidad de la tarea de mi equipo] (invertida)	47	0	6	4,08	1,411
[Prefiero las descripciones de texto a los perfiles de cómic] (invertida)	47	0	6	3,48	1,730
[Para extraer la información relevante para tomar las decisiones para resolver la tarea, prefiero una descripción de texto que ver el perfil en formato cómic.] (invertida)	47	0	6	3,53	1,803
[Creo que los perfiles de cómic se utilizarán más en casos y tareas docentes en el futuro]	47	0	6	3,83	1,523
[Si tuviera la oportunidad, preferiría que la información de los casos de las asignaturas si ofreciera con perfiles de cómic]	47	0	6	3,64	1,566
[Me gustaría usar perfiles de cómic en otras tareas de clasificación]	47	0	6	3,94	1,480

El análisis factorial exploratorio con máxima verosimilitud, forzando 4 factores y rotación varimax (tabla 2), no reproduce la estructura de 4 dimensiones que los estudios del modelo de adopción de la tecnología han planteado.

Aunque nuestra muestra es limitada, es posible que para este caso de uso se más adecuado un modelo simplificado con dos dimensiones. Esto será objeto de investigación futura.

Tabla 2. Matriz de componentes rotados

	Factor			
	1	2	3	4
TAM_PEU04 [Es más fácil realizar la tareas y resolver el problema utilizando perfiles de cómic que de otra manera]	,802	,218	,180	,213
TAM_PU07 [Ahorro tiempo/aumenta mi productividad con los perfiles de cómic]	,774	,263	,230	,188
TAM_PU09 [Los perfiles de cómic son útiles para acceder a la información requerida]	,760	,297	,149	,261
TAM_PEU03 [Es fácil acceder a la información de los perfiles de cómic]	,740	,314	,035	,339
TAM_PU08 [Los perfiles de cómic me ayudarían a mejorar la eficiencia y la calidad de la clasificación]	,699	,403	,215	,294
TAM_PU02 [Encuentro más divertido trabajar con perfiles de cómics]	,674	,276	,131	,085
TAM_BI02 [Si tuviera la oportunidad, preferiría que la información de los casos de las asignaturas si ofreciera con perfiles de cómic]	,664	,393	,153	,232
TAM_PU04 [El uso de perfiles de cómic facilita la realización de las tareas]	,592	,549	,254	,145
TAM_PU03 [El uso de perfiles de cómic hace que la identificación de perfiles sea más efectiva]	,559	,452	,231	,329
TAM_PEU06 [La tarea de comparar perfiles es más fácil con los perfiles de cómic]	,553	,338	,335	,085
TAM_AU03_r [Para extraer la información relevante para tomar las decisiones para resolver la tarea, prefiero una descripción de texto que ver el perfil en formato cómic.] (invertida)	,532	,274	,132	,134
TAM_BI01 [Creo que los perfiles de cómic se utilizarán más en casos y tareas docentes en el futuro]	,458	,273	,229	,023
TAM_PEU01 [Encuentro los perfiles de cómic claros y comprensibles.]	,264	,902	,149	,306
TAM_PEU05 [Usar perfiles de cómic requiere menos esfuerzo mental que una descripción de texto únicamente]	,519	,576	,100	-,013
TAM_PEU02 [En general, considero que los perfiles de cómic son fáciles de entender]	,410	,554	,135	,109
TAM_PU06_r [Los perfiles de cómic empeoran la calidad de la tarea de mi equipo] (invertida)	-,066	-,027	,965	,253
TAM_BI03 [Me gustaría usar perfiles de cómic en otras tareas de clasificación]	,487	,321	,530	,040
TAM_AU01_r [Prefiero las descripciones de texto a los perfiles de cómic] (invertida)	,452	,239	,515	,011
TAM_PU01 [Los perfiles de cómic mejoran el rendimiento de mi equipo]	,440	,300	,511	-,083
TAM_PU05 [En general, considero que los perfiles de cómic son útiles]	,469	,262	,200	,807

Agradecimientos

With the support of the KA220-HED - Cooperation partnerships in higher education programme of the European Union ["SINCOE" grant number 2021-1-FI01-KA220-HED-000023343]."Supporting Innovation Competence Development in Online Education" The European Commission support for the production of this publication does not constitute an endorsement of the contents which reflects the views only of the authors, and the Commission cannot be held responsible for any use which may be made of the information contained therein.

Este trabajo ha sido realizado con la financiación del programa KA220-HED - Cooperation partnerships in higher education de la Unión Europea ["SINCOE" grant number 2021-1-FI01-KA220-HED-000023343]."Supporting Innovation Competence Development in Online Education"

BIBLIOGRAFÍA

Aguinis, H., & Bradley, K. J. (2014). Best Practice Recommendations for Designing and Implementing Experimental Vignette Methodology Studies [Article]. *Organizational Research Methods, 17*(4), 351-371. https://doi.org/10.1177/1094428114547952

Allibaih, M., & Khan, L. M. (2015). Weaving together peer assessment, audios and medical vignettes in teaching medical terms. *International Journal of Medical Education, 6*, 172-178. https://doi.org/10.5116/ijme.564a.2ed6

Auspurg, K., & Hinz, T. (2015). *Factorial Survey Experiments.* SAGE Publications, Inc. https://doi.org/10.4135/9781483398075

Baddeley, A. (2003). Working memory: looking back and looking forward. *Nature Reviews Neuroscience, 4*(10), 829-839. https://doi.org/10.1038/nrn1201

Baddeley, A. (2010). Working memory. *Current Biology, 20*(4), R136-R140. https://doi.org/https://doi.org/10.1016/j.cub.2009.12.014

Chau, J. P. C., Chang, A. M., Lee, I. F. K., Ip, W. Y., Lee, D. T. F., & Wootton, Y. (2001). Effects of using videotaped vignettes on enhancing students' critical thinking ability in a baccalaureate nursing programme. *Journal of Advanced Nursing, 36*(1), 112-119. https://doi.org/https://doi.org/10.1046/j.1365-2648.2001.01948.x

Davis, F. D., Bagozzi, R. P., & Warshaw, P. R. (1989). User Acceptance of Computer Technology: A Comparison of Two Theoretical Models. *Management Science, 35*(8), 982-1003. https://doi.org/10.1287/mnsc.35.8.982

Dülmer, H. (2016). The Factorial Survey:Design Selection and its Impact on Reliability and Internal Validity. *Sociological Methods & Research, 45*(2), 304-347. https://doi.org/10.1177/0049124115582269

Erfanian, F., Roudsari, R., Heydari, A., & Bahmani, M. (2020). A Narrative on Using Vignettes: Its Advantages and Drawbacks. *Journal of midwifery and reproductive health, 8*, 2134-2145. https://doi.org/10.22038/JMRH.2020.41650.1472

Gupta, V. (2024). An Empirical Evaluation of a Generative Artificial Intelligence Technology Adoption Model from Entrepreneurs' Perspectives. *Systems, 12*(3). https://doi.org/10.3390/systems12030103

IBM Corp. (Released 2016). *IBM SPSS Statistics for Windows, Version 24.0.*

Jeffries, C., & Maeder, D. W. (2011). Comparing Vignette Instruction and Assessment Tasks to Classroom Observations and Reflections. *The Teacher Educator, 46*(2), 161-175. https://doi.org/10.1080/08878730.2011.552667

Kim, J. P., & Yang, H.-J. (2024). A novel experimental vignette methodology: SMART vignettes. *Methodological Innovations, 17*(2), 111-118. https://doi.org/10.1177/20597991241240081

Liebe, U., Moumouni, I. M., Bigler, C., Ingabire, C., & Bieri, S. (2020). Using Factorial Survey Experiments to Measure Attitudes, Social Norms, and Fairness Concerns in Developing Countries. *Sociological Methods & Research, 49*(1), 161-192. https://doi.org/10.1177/0049124117729707

Marin-Garcia, J. A. (2018). Development and validation of Spanish version of FINCODA: an instrument for self-assessment of innovation competence of workers or candidates for Jobs. *WPOM-Working Papers on Operations Management, 9*(2), 182-215. https://doi.org/https://doi.org/10.4995/wpom.v9i2.10800

Marin-Garcia, J. A., & Alfalla-Luque, R. (2021). Teaching experiences based on action research: a guide to publishing in scientific journals. *WPOM-Working Papers on Operations Management, 12*(1), 42-50. https://doi.org/10.4995/wpom.7243

Marin-Garcia, J. A., González-Ladrón-de-Guevara, F., Garcia-Ortega, B., Santandreu-Mascarell, C., Atarés, L., Aznar-Mas, L. E., Fernandez Diego, M., Insfran, E., Abrahao, S. M., & Juarez-Tarraga, A. (2023). Protocol paper: Needs analysis for the development of innovation competence in higher education remote learning environments. *WPOM-Working Papers on Operations Management, 14*(2), 76-100. https://doi.org/10.4995/wpom.18118

Mathieson, K., Peacock, E., & Chin, W. W. (2001). Extending the Technology Acceptance Model : The Influence of Perceived User Resources. *The DATA BASE for Advances in Information Systems, 32*(3), 86-112.

Mayer, R. E. (1997). Multimedia learning: Are we asking the right questions? *Educational Psychologist, 32*(1), 1-19. https://doi.org/10.1207/s15326985ep3201_1

Mayer, R. E., & Moreno, R. (2003). Nine Ways to Reduce Cognitive Load in Multimedia Learning. *Educational Psychologist, 38*(1), 43-52. https://doi.org/10.1207/S15326985EP3801_6

Nendaz, M. R., Raetzo, M. A., Junod, A. F., & Vu, N. V. (2000). Teaching Diagnostic Skills: Clinical Vignettes or Chief Complaints? *Advances in Health Sciences Education, 5*(1), 3-10. https://doi.org/10.1023/a:1009887330078

Nkhoma, G., Lim, C. X., Kennedy, G. A., & Stupans, I. (2023). Teaching cultural competence to undergraduate pharmacy students using vignettes (case scenarios) as an innovative teaching intervention. *International Journal of Pharmacy Practice, 31*(2), 225-229. https://doi.org/10.1093/ijpp/riac106

Renta-Davids, A. I., Camarero-Figuerola, M., & Tierno-García, J. M. (2020). Assessment of the Quality Education Awareness Competence of Pre-Service Educators Using Vignettes. *Sustainability, 12*(23). https://doi.org/10.3390/su122310203

Shamon, H., Dülmer, H., & Giza, A. (2022). The Factorial Survey: The Impact of the Presentation Format of Vignettes on Answer Behavior and Processing Time. *Sociological Methods & Research, 51*(1), 396-438. https://doi.org/10.1177/0049124119852382

Skilling, K., & Stylianides, G. J. (2019). Using vignettes in educational research: a framework for vignette construction. *International Journal of Research & Method in Education, 43*(5), 541-556. https://doi.org/10.1080/1743727x.2019.1704243

van Sassen, C., Mamede, S., Bos, M., van den Broek, W., Bindels, P., & Zwaan, L. (2023). Do malpractice claim clinical case vignettes enhance diagnostic accuracy and acceptance in clinical reasoning education during GP training? *BMC Medical Education, 23*(1). https://doi.org/10.1186/s12909-023-04448-1

Weijters, B., Davidov, E., & Baumgartner, H. (2021). Analyzing factorial survey data with structural equation models. *Sociological Methods & Research*, 00491241211043139. https://doi.org/10.1177/00491241211043139

Wildbrett, J., Lohse-Bossenz, H., & Dörfler, T. (2022). Vignette based assessment of pedagogical psychological knowledge of teacher students. *Psychologie in Erziehung Und Unterricht, 69*(4), 278-291. https://doi.org/10.2378/peu2022.art20d

BIOGRAFÍA ABREVIADA DE LOS AUTORES

JUAN A. MARÍN-GARCÍA. Catedrático en el departamento de Organización de Empresas de la Universidad Politécnica de Valencia. Desde 1994 imparto docencia a tiempo completo de “gestión” y “trabajo en equipo” en el Grado de Ingeniero de Organización Industrial y también en doctorado y máster (como profesor y como director de los programas). Participo frecuentemente en formación para profesores y personal universitario, talleres de formación para mandos y trabajadores de empresas de España y El Salvador (América Central). Miembro fundador de los grupos de investigación i-GRHUP, ROGLE e IEMA, en los cuales participo. He publicado artículos científicos sobre gestión participativa, mejora continua, TQM, TPM, Lean Manufacturing y aprendizaje activo en docencia universitaria.

JUAN MARTÍNEZ TOMÁS. Ingeniero en Organización Industrial y Doctor en Dirección y Administración de Empresas. Trabajo desde hace más de veinte años en el sector industrial, desempeñando labores vinculadas a la gestión de proyectos y a la dirección de equipos. He trabajado también como docente de Educación Secundaria y como asesor en la creación de nuevas empresas. Actualmente, combino mi labor como director de operaciones con la docencia en la Universidad Politécnica de Valencia, de la que soy profesor a tiempo parcial en el departamento de Organización de Empresas. He publicado artículos científicos sobre la gestión participativa, y me gusta utilizar mi experiencia y seguir formándome para mantenerme actualizado y aplicar estrategias innovadoras en el trabajo.

Capítulo 4

Título: Aplicación de la Simulación mediante Escenarios para potenciar las competencias de futuros reclutadores y reclutadoras en procesos de selección de Personal

LUIS LÓPEZ MOLINA
(Universidad de Cádiz)

Resumen

La metodología de Simulación mediante Escenarios se presenta como una herramienta eficaz para el desarrollo de competencias específicas en un entorno controlado y realista, en este caso para los procesos de selección de personal. Este enfoque permite entrenar a futuros reclutadores/as en habilidades esenciales, como la identificación de talentos, la realización de entrevistas y la toma de decisiones estratégicas. El objetivo principal de este capítulo es ofrecer perspectivas sobre cómo aplicar esta metodología en la gestión de los Recursos Humanos, describiendo tanto enfoques teóricos como escenarios prácticos que mejoren procesos clave como la selección de Recursos Humanos y la capacitación. A través del uso estratégico de simulaciones basadas en escenarios reales, se busca preparar a los futuros profesionales para los retos del reclutamiento y la gestión del talento humano, dotándolos de habilidades prácticas valiosas antes de su incorporación al mercado laboral.

1. INTRODUCCIÓN

En un mundo laboral tan dinámico y cada vez más competitivo, la capacidad de seleccionar y gestionar talento se ha convertido en una competencia esencial para los profesionales de los Recursos Humanos. La metodología de Simulación mediante Escenarios, con gran trascendencia en Ciencias de la Salud, emerge como una herramienta innovadora y práctica para desarrollar habilidades críticas en futuros reclutadores/as, dentro de un entorno controlado, seguro y realista. Esta técnica facilita el aprendizaje teórico y proporciona experiencias prácticas fundamentales para la formación integral de los estudiantes en el ámbito de las Relaciones Laborales y la Gestión de los Recursos Humanos.

La Simulación mediante Escenarios se fundamenta en teorías educativas constructivistas, que enfatizan el aprendizaje activo y contextualizado. Según estas teorías, el conocimiento se construye de manera más efectiva cuando los estudiantes participan activamente en situaciones que reflejan contextos del mundo real (Vygotsky, 1978). Este enfoque es particularmente relevante en la educación superior, donde la preparación de los estudiantes para los desafíos profesionales reales es crucial.

La Metodología de Simulación mediante Escenarios tiene fundamentos previos en el aprendizaje social (Bandura, 1971) y en el aprendizaje experiencial (Kolb, 1984). Ambos aprendizajes combinados se implantan mediante esta metodología a través de un diseño estructurado que integra teoría y práctica, permitiendo a los estudiantes desarrollar competencias clave en la selección de Recursos Humanos, así como de habilidades personales y profesionales, tal como establece la Ley Orgánica 2/2023 (LOSU, 2023). Este enfoque se apoya en el marco teórico y práctico para la evaluación de competencias en entornos simulados, proporcionado por Gonczi et al. (2017), que es directamente aplicable a la formación de estudiantes en la identificación y valoración de habilidades.

Respecto a la necesidad de preparar a los profesionales para realizar procesos de selección de manera no presencial evidenciado por la pandemia de COVID-19, Ivchenko et al. (2021) destacan el papel de las nuevas tecnologías y de la simulación para estudiar métodos y modelos modernos para la gestión de personal.

Aldrich (2009) destaca el valor de las simulaciones basadas en escenarios para desarrollar habilidades críticas al enfrentar a los estudiantes a problemas reales dentro de un marco estructurado. Esto no solo fomenta el desarrollo de competencias técnicas, sino también habilidades interpersonales esenciales como la comunicación efectiva y la resolución de conflictos. Okamuro et al. (2013) resaltan cómo la colaboración entre universidades e industrias enriquece el proceso educativo al integrar experiencias empresariales en la formación académica. Aunque su enfoque no se centra exclusivamente en simulaciones, su trabajo subraya la importancia de conectar el aprendizaje académico con aplicaciones prácticas reales, un principio fundamental en la Simulación mediante Escenarios.

Bravo Zúñiga et al. (2018) enfatizan en la importancia del diseño de entornos y escenarios realistas en el aula. Las simulaciones permiten a los estudiantes experimentar las dinámicas complejas de las situaciones laborales, desarrollando competencias prácticas y técnicas esenciales. La interactividad de éstas aumenta la confianza de los participantes, facilitando la asimilación de las competencias necesarias (Suárez et al., 2020).

Las simulaciones se encuentran entre los medios más eficaces para facilitar el aprendizaje de habilidades complejas en todos los ámbitos (Chernikova et al., 2020). La creación de entornos realistas y relevantes facilita la adquisición de competencias clave como la identificación de talentos, la realización de entrevistas y la toma de decisiones estratégicas.

La aplicación de la simulación en la selección de Recursos Humanos minimiza el riesgo de contratar candidatos/as menos idóneos/as, pudiendo esto conllevar problemas de productividad e incremento de costes. Esta metodología está muy implantada y su efectividad testada en el campo de las Ciencias de la Salud, donde una mala técnica o valoración puede tener consecuencias graves e incluso la muerte de un paciente. Según Costa et al. (2020) esta metodología impacta positivamente en la profesionalidad adquirida de estudiantes de Enfermería, saliendo más preparados de las aulas y reteniéndose la información aprendida durante más tiempo.

Como se ha expuesto, las ventajas inherentes a esta metodología son numerosas. En primer lugar, permite a los estudiantes experimentar situaciones similares a las de sus futuras carreras profesionales. Por otro lado, pueden mejoran las habilidades técnicas y *soft skills* como la empatía y el manejo de conflictos. También, facilita su aprendizaje práctico mediante el ensayo y error en un entorno sin consecuencias reales.

Por ello, el objetivo principal de este capítulo es exponer una metodología de aprendizaje experiencial basada en la Simulación mediante Escenarios, a través de su aplicación a estudiantes universitarios que en el futuro precisen seleccionar y gestionar Recursos Humanos.

2. REQUISITOS PARA EL DISEÑO DE ESCENARIOS SIMULADOS

El diseño de un escenario o un caso precisa distintos requisitos de calidad que permitan, tanto a los participantes como a los observadores, la obtención de los conocimientos planteados en los objetivos del mismo. Según INACSL (International Nursing Association for Clinical Simulation and Learning) en sus Healthcare Simulation Standards of Best Practice (INACSL Standards Committee, 2016), estos son los criterios necesarios para alcanzar un estándar adecuado de calidad a la hora de diseñar un escenario:

1. Realizar una valoración de la necesidad para proporcionar evidencia fundamental de una experiencia basada en simulación bien diseñada.
2. Construir objetivos medibles.
3. Estructurar el formato de una simulación considerando un propósito, teoría, y modalidad de la experiencia basada en simulación.
4. Diseñar un escenario o caso para proporcionar el contexto para la experiencia basada en simulación.

5. Utilizar varios tipos de fidelidad para crear la percepción de realismo requerida. Es importante recordar que la fidelidad no siempre implica alta tecnología, sino la creación de una fidelidad psicológica y ambiental que permita a los participantes involucrarse de manera auténtica (Davis et al. 2017).
6. Mantener un enfoque facilitador centrado en el participante y dirigido por los objetivos, el conocimiento del participante o el nivel de experiencia, y los resultados esperados.
7. Iniciar la experiencia basada en simulación con un prebriefing. Según León-Castelao et al., (2019) el prebriefing es una introducción que se incluye seguida del nombre de la fase que se está presentando en la actividad de simulación.
8. Luego de la experiencia basada en simulación, continuar con un debriefing y/o sesión de feedback. Según Lyons et al., (2015) el debriefing apoya y mejora el aprendizaje de todo el grupo
9. Incluir una evaluación del o de los participantes, facilitadores, de la experiencia basada en simulación, del centro, y del equipo de apoyo.
10. Proporcionar materiales de preparación y recursos para promover la capacidad de los participantes para cumplir con los objetivos identificados y el logro de los resultados esperados de la experiencia basada en simulación.
11. Ensayar la experiencia basada en simulación antes de su aplicación plena.

3. DEFINIENDO COMPETENCIAS Y OBJETIVOS

Como se ha descrito anteriormente, la implementación exitosa de esta metodología requiere objetivos claramente definidos (Felberbauer et al., 2018) y una elección clara de las competencias a alcanzar por los estudiantes. Dependiendo de los objetivos específicos dependerá la complejidad del escenario y su duración (Fanning et al., 2007).

El objetivo principal de aplicar la metodología de Simulación mediante Escenarios en la Selección y Gestión de los Recursos Humanos es desarrollar y perfeccionar las competencias de futuros reclutadores/as en la realización de entrevistas efectivas en la selección de personal. Los objetivos específicos propuestos para la creación del escenario son:

- *Desarrollar habilidades de entrevista:* Instruir a los futuros reclutadores/as en el uso de técnicas de entrevista efectivas para realizar evaluaciones precisas de los candidatos/as.
- *Capacitar en la identificación de competencias:* Mejorar la habilidad para reconocer y evaluar competencias esenciales como liderazgo, gestión del estrés y resolución de problemas en los aspirantes.
- *Preparar para el manejo de situaciones complejas:* Equipar a los reclutadores/as con estrategias para responder adecuadamente ante candidatos/as que presenten comportamientos difíciles, como la interacción con personas que muestren agresividad, evasión o dificultades comunicativas. No solamente para saber actuar ante las mismas, sino también para la no discriminación en la contratación, promoviendo políticas de inclusión y diversidad, así como para reducir cualquier brecha salarial, teniendo en cuenta los requerimientos del objetivo 8 apartado 5 de Desarrollo Sostenible (ODS) de las Naciones Unidas (2023).

En el caso del Grado en Relaciones Laborales y Recursos Humanos de la Facultad de Ciencias del Trabajo de la Universidad de Cádiz se ha considerado incluir las siguientes competencias:

- Capacidad para seleccionar y gestionar información y documentación laboral.
- Capacidad para desenvolverse de forma adecuada en el ámbito del trabajo.
- Habilidad para aplicar los conocimientos a la práctica.

Así como dos competencias específicas de la asignatura de Dirección y Gestión de los Recursos Humanos:

- Capacidad de conocer e identificar los conocimientos teóricos propios de la Dirección y Gestión de Recursos Humanos.
- Capacidad para aplicar técnicas y tomar decisiones en materia de Gestión de Recursos Humanos (política retributiva, de selección, etc.).

4. DISEÑO Y DESARROLLO DEL ESCENARIO

El desarrollo de esta metodología consta de 5 partes bien diferenciadas como se puede observar en la figura 1, que va desde la introducción teórica del caso a la creación de los escenarios, la propia fase de simulación y prebriefing, la retroalimentación o debriefing, que incluye la evaluación, y la revisión o repetición del escenario para reforzar lo aprendido (Tangpaisarn et al., 2025).

Figura 1. Fases para el desarrollo de escenarios simulados

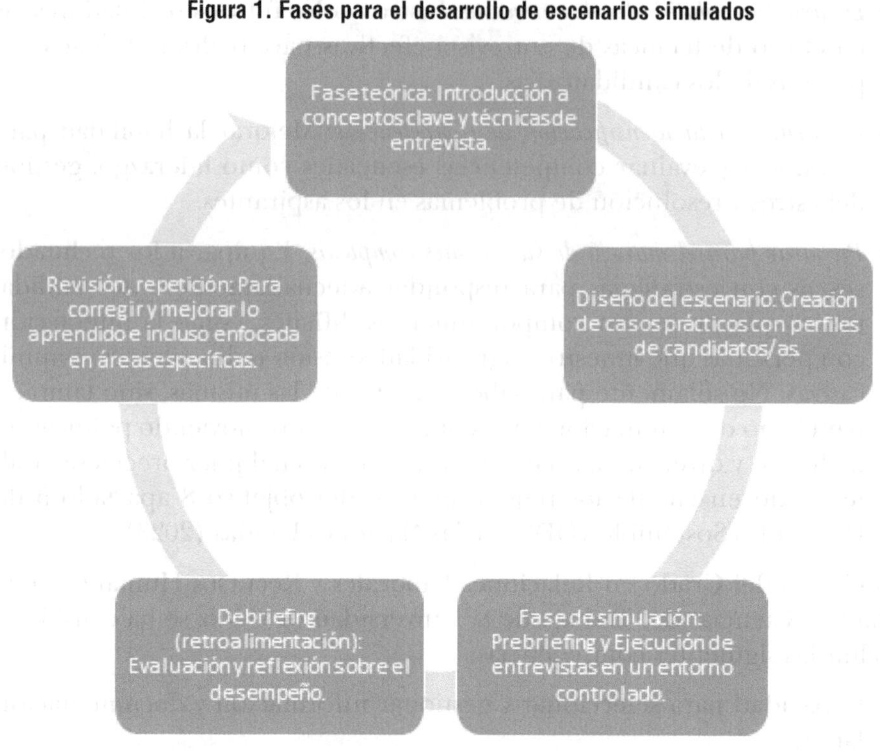

Fuente: Elaboración propia.

El escenario debe poner en práctica los conocimientos aprendidos por los estudiantes, en este caso aplicado al Grado de Relaciones Laborales y Recursos Humanos, desempeñando un puesto hipotético de reclutador o reclutadora. Aunque existen múltiples descriptores en la selección, como la preselección de CVs de demandantes, la entrevista telefónica o entrevista grupal, el caso propuesto en este capítulo se centra principalmente en la selección individual.

1. **Fase Teórica:** Se inicia con la presentación de los conceptos fundamentales, en este caso sobre la selección de personal, las competencias requeridas para el puesto y las técnicas de entrevista. En esta etapa, se proporciona a los estudiantes un marco teórico robusto que subraya la importancia de identificar habilidades como liderazgo, gestión del estrés y resolución de conflictos. Se emplean recursos multimedia, estudios de caso y discusiones grupales para promover un aprendizaje activo y participativo.
2. **Diseño del Escenario:** Se desarrollan casos prácticos que representan situaciones reales en una sala de simulación que recrea un entorno de selección de personal auténtico. En la selección de personal, cada caso

incluye perfiles detallados de candidatos/as con diversas características y comportamientos, desde ideales hasta aquellos/as que presentan desafíos como evasivas o actitudes defensivas, permitiendo a los estudiantes practicar sus habilidades en un ambiente controlado. El contexto puede ser una empresa ficticia o real con una vacante que se necesita cubrir. Se diseñarán también materiales como perfiles de candidatos/as, currículums, descripciones del puesto de trabajo, guías de entrevista, etc.

3. **Fase de Simulación:** Los/as estudiantes asumen los roles de reclutadores/as, candidatos/as o supervisores/as. Los/as reclutadores/as llevan a cabo entrevistas basadas en los casos diseñados, fomentando la interacción entre los participantes para aplicar sus conocimientos en situaciones prácticas. Los/as "candidatos/as" actúan de acuerdo con perfiles prediseñados, simulando respuestas realistas o incluso comportamientos desafiantes. El/la reclutador/a elige a la/el mejor candidata/o justificando su decisión según las competencias identificadas. Previo al inicio de la simulación, se realizará un Prebriefing. El Prebriefing es la preparación o introducción antes de la simulación; éste es muy importante para que el aprendizaje sea el esperado. Para diseñarlo, hay que tener en cuenta cómo deben aprender los estudiantes del escenario, por lo que antes de empezar la simulación los participantes deben conocer a qué se enfrentan y cómo van a actuar para conseguir los objetivos esperados (Chmil, 2016).
4. **Retroalimentación (Debriefing):** Se realiza una evaluación del desempeño de cada reclutador/a, enfocada en la calidad de las preguntas, la capacidad para profundizar en las respuestas y la gestión del tiempo. Esta retroalimentación constructiva es fundamental para que los estudiantes reflexionen sobre su actuación y mejoren sus habilidades. Se revisan las estrategias empleadas por el/la reclutador/a, identificando aciertos y áreas de mejora en tres bloques: exposición, análisis y síntesis. El resto de estudiantes sin rol activo en el escenario (observadores o facilitadores) ofrecen retroalimentación sobre aspectos técnicos (preguntas formuladas, análisis de respuestas) y habilidades interpersonales (comunicación, empatía).
5. **Revisión y repetición:** Los participantes pueden volver a ejecutar el escenario ajustando sus estrategias basadas en la retroalimentación recibida, ayudando así a consolidar su aprendizaje. Este ciclo de práctica y retroalimentación (Ericsson et al., 1993) es fundamental para el desarrollo de las competencias. Esta fase también es útil para identificar áreas específicas donde los estudiantes requieran más práctica o

diseñar simulaciones enfocadas a situaciones desafiantes, competencias particulares o incluso las relativas a un temario más avanzado.

El caso y el escenario se pueden ampliar o dificultar dependiendo del puesto que se quiera cubrir (evaluación de un puesto directivo), modalidad de entrevista (presencia, virtual, individual o grupal) o incluso en el manejo de un conflicto laboral (problemas éticos, acoso, discriminación).

5. CONSIDERACIONES PARA LA PLANIFICACIÓN

A la hora de realizar la planificación del escenario es indispensable considerar su complejidad (Fanning et al. 2007). La complejidad del escenario determinará la duración del mismo y, por ende, la duración del debriefing (Costa et al., 2018b). Esta mayor duración del debriefing es crucial para permitir a los participantes reflexionar sobre sus acciones, analizar las consecuencias de sus decisiones e internalizar los aprendizajes (Rudolph et al., 2008).

Dependiendo del autor, se dan desde escenarios simples hasta escenarios complejos. Costa et al. (2018a), con investigaciones centradas en la aplicación práctica de teorías educativas dentro del contexto organizacional, indican que el debriefing deberá durar entre el doble y el triple que el escenario, pero el prebriefing la mitad, como se recoge en la tabla 1. La simulación debe durar entre 5 y 15 minutos. Según esta duración, se estiman tres complejidades distintas:

Tabla 1. Complejidad y duración del escenario.

Complejidaddel escenario	Duración de la simulación	Duración sugerida Prebriefing	Duración sugerida Debriefing	Duración total del escenario
Baja	5 minutos	2,5 minutos	10 minutos	17,5 minutos
Media	10 minutos	5 minutos	20 minutos	35 minutos
Alta	15 minutos	7,5 minutos	30 minutos	52,5 minutos

Fuente: Elaboración propia

En resumen, un escenario corto o de baja complejidad suele durar entre 15 y 30 minutos y es adecuado para objetivos de aprendizaje específicos y limitados (Costa et al., 2018b). El debriefing debe ser conciso y enfocado.

A nivel de infraestructura es deseable disponer de una sala de simulación que reproduzca fielmente el entorno de selección y de un espacio separado para los estudiantes que actúan como observadores, permitiéndoles seguir el desarrollo de las simulaciones. Hay salas de simulación en las que los observadores pueden seguir la ejecución del escenario a través de un cristal, en una zona específica de debriefing, y en otras ocasiones se opta por su seguimiento en el aula a través de una visualización en streaming mediante cámaras.

También hay que tener encuentra que la estructura de un escenario debe contar con distintos recursos; normalmente materiales y humanos. Se aconseja realizar una lista de todos los recursos necesarios para ejecutar el escenario. Esta planificación debe llevarse a cabo con antelación para que no falte ningún elemento para su composición. Se puede insertar un flujograma, que incluya las partes del escenario con los recursos a tener en cuenta. Según Fey et al. (2017) deben elaborarse fichas técnicas del escenario que incluyan personal necesario, equipamiento, materiales, la definición de perfiles que tomarán los actores o actrices y la secuencia de acción.

Por ejemplo, se puede indicar a los actores o actrices que actúan de candidatos/as se comporten siguiendo uno de los siguientes perfiles:

Perfil desafiante (para poner a prueba a la reclutadora o reclutador):

- Responde con evasivas: No estoy seguro/a de un ejemplo específico, pero suelo manejar bien esas situaciones.
- Se muestra a la defensiva: Creo que ese problema surgió porque mi equipo no estaba lo suficientemente capacitado.
- Evita aceptar responsabilidades: Nunca he tenido problemas porque suelen quedar esas decisiones en mi superior.
- **Perfil ideal** (para modelar respuestas correctas):
- Ofrece ejemplos claros con resultados concretos: En un proyecto reciente, teníamos un plazo de tres semanas para entregar, pero faltaba comunicación entre departamentos. Implementé un canal directo con pequeñas reuniones diarias, lo que aceleró el flujo de información y cumplimos con los objetivos.
- Demuestra autocrítica constructiva: En una ocasión, tomé decisiones precipitadas que afectaron al equipo. Aprendí a escuchar más antes de actuar.

Por otro lado, un ejemplo de secuencia de la acción, para evaluar las competencias (liderazgo, resolución de conflictos y trabajo bajo presión) podría ser:

Competencias de liderazgo

Para evaluar si el/la candidata/a tiene experiencia real liderando equipos y promoviendo su desarrollo, a preguntas como las siguientes:

o Cuéntame una ocasión en la que tuviste que motivar a tu equipo para alcanzar un objetivo difícil. ¿Cómo lo lograste?; ¿Cómo manejas a un/a empleado/a que tiene un rendimiento inferior al esperado?; ¿Qué estrategias utilizas para asegurar que todos/as los miembros de tu equipo estén alineados con los objetivos del proyecto?

El actor o actriz que tiene el rol de candidato/a, podría contestar de la siguiente forma según se le indique:

- o Respuesta vaga/evasiva: Siempre trato de motivar al equipo hablando con ellos, y normalmente funciona bien. (No ofrece detalles concretos).
- o Respuesta estructurada pero débil: Una vez tuvimos un proyecto atrasado, así que ofrecí incentivos como días libres. Funcionó, pero algunos no completaron sus tareas a tiempo. (Indica una falta de seguimiento o evaluación del impacto).
- o Respuesta fuerte: Durante un proyecto complicado, organicé reuniones periódicas para identificar obstáculos, asigné tareas según las fortalezas individuales y celebré los avances con el equipo. Terminamos con éxito en el plazo previsto.

Resolución de conflictos

Para explorar cómo maneja situaciones tensas entre los miembros del equipo, a preguntas como las siguientes:

- o Háblame de una ocasión en la que surgió un conflicto en tu equipo. ¿Qué hiciste para resolverlo?; ¿Cómo te aseguras de que todos los puntos de vista sean escuchados en una discusión acalorada?; ¿Cómo intervienes sobre un miembro del equipo que no acepta tus decisiones como líder?

El actor o actriz que tiene el rol de candidato/a, podría contestar de la siguiente forma según se le indique:

- o Respuesta vaga/evasiva: Nunca he tenido grandes conflictos en mi equipo porque me llevo bien con todos. (Puede indicar falta de experiencia).
- o Respuesta con errores implícitos: Una vez dos compañeros discutieron por un problema técnico. Les dije que resolvieran el conflicto entre ellos porque no tenía tiempo para mediar. (Muestra una falta de liderazgo en la resolución del problema).
- o Respuesta fuerte: En un proyecto, dos miembros del equipo discutían sobre cómo dividir las tareas. Organicé una reunión privada con ambos para escuchar sus puntos de vista y propu-

se una solución intermedia basada en sus fortalezas. También les ofrecí seguimiento para asegurar que el ambiente laboral mejorara.

Trabajo bajo presión

Para evaluar la capacidad de la candidata o candidato para priorizar tareas y mantener la calma en situaciones críticas, a preguntas como las siguientes:

- o Describe una situación en la que tuviste que tomar decisiones rápidas para cumplir un plazo ajustado; ¿Cómo manejas múltiples proyectos con plazos similares sin afectar la calidad?; Cuéntame sobre una vez que trabajaste bajo presión y no obtuviste los resultados esperados. ¿Qué aprendiste?

El actor o actriz que tiene el rol de candidato/a, podría contestar de la siguiente forma según se le indique:

- o Respuesta vaga/evasiva: Trabajo bien bajo presión; suelo hacer una lista de tareas y avanzar. (No especifica ni da ejemplos claros).
- o Respuesta con margen de mejora: En una ocasión tuve que liderar dos proyectos simultáneamente. Me centré en el más urgente, pero descuidé el otro y hubo que pedir una extensión del plazo. (Muestra la falta de priorización efectiva).
- o Respuesta fuerte: En un proyecto con un plazo ajustado, creé un cronograma detallado, delegué tareas específicas al equipo y mantuve comunicación constante para resolver problemas rápidamente. Logramos completar ambos proyectos a tiempo y con la calidad esperada.

Por último, en la fase de debriefing (retroalimentación para el/la reclutador/a), en la que se dará feedback en positivo, se pueden incluir preguntas para evaluar las áreas del desempeño del estudiante que desarrolla el rol de reclutador/a como:

a. **Calidad de las preguntas**: ¿Fueron claras y abiertas? ¿Permitieron obtener información relevante?

b. **Capacidad para profundizar**: ¿Siguió con preguntas adicionales cuando las respuestas eran vagas?

c. **Gestión del tiempo**: ¿Cubrió todas las competencias clave sin desviarse del objetivo principal?

d. **Lenguaje no verbal y comunicación**: ¿Se mostró empático, profesional y claro?

6. CONSIDERACIONES PARA LA EVALUACIÓN

Una parte importante del debriefing es la evaluación. La medición y evaluación efectivas son fundamentales para maximizar el valor de la simulación mediante escenarios. La selección cuidadosa de los métodos de evaluación, alineados con los objetivos de aprendizaje (Miller, 1990), ya sean escalas estructuradas, listas de verificación, enfoques formativos o sumativos, o métodos cualitativos, permitirá obtener datos relevantes y significativos para el aprendizaje o la retroalimentación. La combinación estratégica de diferentes técnicas puede ofrecer una visión holística del desempeño en el escenario simulado.

A continuación, se presentan diferentes enfoques que pueden utilizarse de forma individual o combinada:

Escalas y Listas de Verificación (Checklists): Las escalas de valoración y las listas de verificación son herramientas estructuradas que permiten evaluar la presencia o la calidad de comportamientos, acciones o elementos específicos dentro del escenario. Es crucial definir criterios de evaluación claros y observables para asegurar la fiabilidad y validez de estas herramientas (Downing, 2015). Las escalas pueden ser numéricas, descriptivas o gráficas (Streiner et al. 2003), ofreciendo flexibilidad en la evaluación.

a. Listas de Verificación (Sí/No): Este método consiste en una lista de comportamientos o elementos observables, donde el evaluador simplemente indica si están presentes o ausentes (Sí/No). Este enfoque es útil para evaluar el cumplimiento de criterios básicos o la realización de acciones clave. Ejemplo: ¿Miró directamente a la persona entrevistada? (Sí/No), ¿Planteó bien la pregunta? (Sí/No), ¿Utilizó la terminología adecuada? (Sí/No).

b. Escalas de Valoración: Estas escalas permiten evaluar la calidad o la frecuencia de un comportamiento o elemento en un continuo. Un ejemplo de escala numérica podría ser una escala de 0 a 100, dividida en bloques para facilitar la interpretación del rendimiento: 0-20: Nivel muy bajo, 21-40: Nivel bajo, 41-60: Nivel medio, 61-80: Nivel alto, 81-100: Nivel muy alto. Una extensión útil son las rúbricas, que proporcionan descripciones detalladas de los niveles de desempeño para cada criterio (Reddy & Andrade, 2010).

Evaluación formativa: Se centra en proporcionar retroalimentación continua durante el desarrollo del escenario. Su objetivo principal es facilitar el aprendizaje y la mejora del participante en tiempo real. Un facilitador efectivo juega un papel crucial guiando la reflexión y proporcionando retroalimentación específica y oportuna (Issenberg et al., 2005). Esta evaluación no siempre implica una calificación formal, sino que se enfoca en la identificación de áreas de mejora y el desarrollo de estrategias. Esto puede incluir: Observación directa con retroalimentación inmediata, preguntas reflexivas para invitar al participante a analizar sus acciones y decisiones, así como discusión guiada para explorar fortalezas y debilidades.

Evaluación sumativa: Se realiza al finalizar el escenario y tiene como objetivo principal ofrecer una valoración global del desempeño del participante. A menudo se utiliza para determinar el nivel de competencia alcanzado o para comparar el rendimiento entre diferentes participantes o grupos. Es fundamental la alineación entre los métodos de evaluación sumativa y los objetivos de aprendizaje (Briggs & Tang, 2007). Los métodos de escalas mencionados anteriormente pueden utilizarse con fines sumativos, generando una puntuación o un perfil de desempeño final, a menudo combinados con datos de otros métodos para una visión más completa.

Métodos cualitativos: Además de los enfoques cuantitativos, la evaluación de escenarios puede beneficiarse de métodos cualitativos que permiten comprender en profundidad las experiencias, las percepciones y los procesos de pensamiento de los participantes. Estos métodos proporcionan una comprensión profunda del "por qué" detrás de las acciones (Patton, 2014). Esto puede incluir:

a. Entrevistas tras la simulación para explorar decisiones, desafíos y aprendizajes.

b. Análisis de la interacción y el discurso en grabaciones para identificar patrones y estrategias.

c. Diarios de reflexión donde los participantes registran sus pensamientos y sentimientos.

En muchos casos, una estrategia de **evaluación integral puede combinar diferentes métodos** para obtener una visión más completa del desempeño. La triangulación de datos de diversas fuentes aumenta la validez y fiabilidad (Creswell & Clark, 2017). Por ejemplo, se podría utilizar una lista de verificación para asegurar acciones clave, una escala de valoración para la calidad, y una entrevista post-simulación para entender el razonamiento detrás de las decisiones tomadas. La ponderación de los diferentes componentes de la evaluación dependerá de los objetivos específicos y del escenario.

7. CONSIDERACIONES ÉTICAS

Según Bowler et al. (2024) las consideraciones éticas son clave en el uso de la simulación en la formación, incluyendo la confidencialidad, el consentimiento informado y el respeto a la diversidad. Cuando los estudiantes participan de manera activa en las simulaciones pueden sentirse expuestos y esto puede condicionar el desarrollo y aprovechamiento de las simulaciones.

Por ello es importante crear un clima de respeto y seguridad entre los participantes. Es importante agradecer antes de comenzar el debriefing a los estudiantes que han desarrollado un rol activo su participación y generosidad para que toda la clase pueda aprender. Dejar claro que durante el debriefing no se está criticando su actuación, sino que los demás participantes aportan lo que hubieran hecho diferente.

8. CONCLUSIONES

La metodología de Simulación mediante Escenarios ofrece una experiencia educativa integral que prepara a los estudiantes para enfrentarse a la selección de personal, tanto la individual como la grupal ya sea de manera presencial o virtual.

La creación de una sala de simulación que replica el entorno laboral permite a los futuros responsables de recursos humanos practicar entrevistas en un contexto realista, mientras que la visualización del proceso por parte de sus compañeros fomenta un aprendizaje tanto directo como indirecto.

Esta dualidad en el aprendizaje enriquece la formación, ya que los estudiantes no solo adquieren habilidades prácticas, sino que también observan y analizan diferentes enfoques y resultados.

Al finalizar esta propuesta, los estudiantes no se enfrentarán por primera vez al reclutamiento en su vida profesional; saldrán equipados con competencias testadas y validadas desde su etapa universitaria, lo que les otorgará una ventaja significativa en el competitivo mercado laboral.

Destacar que de esta manera se contribuye a formar profesionales más preparados y seguros en su desempeño, aumentando su productividad, disminuyendo costes en sus empresas e incrementando las capacidades de su organización.

BIBLIOGRAFÍA

Aldrich, C. (2009). Virtual worlds, simulations, and games for education: A unifying view. *Innovate: Journal of Online Education, 5*(5).

Bandura, A. (1971). *Social learning theory.* General Learning Press.

Bowler, F., Luna, P., & Spencer, T. (2024). Professional Integrity and Ethical Considerations in Simulation. *The Nursing Clinics of North America, 59*(3), 359-370.

Bravo Zúñiga, B., González Peñafiel, A., & Valle Flores, J. A. (2018). Ambientes y diseño de escenarios en el aprendizaje basados en simulación. *Conrado, 14*(61). Cienfuegos http://scielo.sld.cu/scielo.php?pid=S1990-86442018000100029&script=sci_arttext

Briggs, J., & Tang, C. (2007). *Teaching for quality learning at university: what the student does* (3rd ed.). McGraw Hill.

Chernikova, O., Heitzmann, N., Stadler, M., Holzberger, D., Seidel, T., & Fischer, F. (2020). Simulation-Based Learning in Higher Education: A Meta-Analysis. *Review of Educational Research, 90*(4), 499-541. https://doi.org/10.3102/0034654320933544

Chmil, JV. (2016). *Prebriefing in Simulation-Based Learning Experiences.* Nurse Educ. 41(2):64-5. https://doi.org/10.1097/NNE.0000000000000217

Costa, R., Vicente, E., Portela, J., & Batista, J. (2018). Debriefing in organizational simulation: A systematic literature review. *Simulation & Gaming, 49*(6), 631-656.

Costa, R., Medeiros, S., Martins, J. C., & Enders, B., Lira, A. L., & Araújo, M. (2018). A simulação no ensino de enfermagem: uma análise conceitual. *Revista de Enfermagem do Centro-Oeste Mineiro, 8.* https://doi.org/10.19175/recom.v8i0.1928

Costa, R., Medeiros, S., Martins, J. C., Coutinho, V., & Araújo, M. (2020). Eficacia de la simulación en la enseñanza de inmunización en la enfermería: ensayo clínico aleatorio. https://www.scielo.br/j/rlae/a/FQKbhgrZC3zX4Fp9SmNX8Rz/?lang=es

Creswell, J. W., & Clark, V. L. P. (2017). *Designing and conducting mixed methods research* (3rd ed.). Sage publications.

Davis, M., Hanson, J., Dickinson, M., Lees, L., & Pimblett, M. (2017). *How to teach using simulation in healthcare.* John Wiley & Sons.

Downing, S. M. (2004). Reliability: on the reproducibility of assessment data. *Medical Education, 38*(9), 1006-1012.

Ericsson, K. A., Krampe, R. T., & Tesch-Römer, C. (1993). The role of deliberate practice in the acquisition of expert performance. *Psychological Review, 100*(3), [1] 363-406.

Fanning, R. M., & Gaba, D. M. (2007). The role of debriefing in simulation-based learning. *Simulation in Healthcare, 2*(2), 115-125. https://doi.org/10.1097/SIH.0b013e3180315539

Felberbauer, T., Gutjahr, W., & Dörner, K. (2018). Stochastic Project Management: Multiple Projects with Multi-Skilled Human Resources. *Journal of Scheduling, 22,* 271–288. https://doi.org/10.1007/s10951-018-0592-y

Fey, M. K., & Kardong-Edgren, S. (2017). State of Research on Simulation in Nursing Education Programs. *Journal of Professional Nursing, 33*(6), 463-470. https://doi.org/10.1016/j.profnurs.2017.10.009

Gonczi, A., Maeng, J., & Bell, R. (2017). Elementary Teachers' Simulation Adoption and Inquiry-Based Use Following Professional Development. *Journal of Technology and Teacher Education, 25*(2), 155-184.

INACSL Standards Committee. (2016). Healthcare simulation standards of best practice: Simulation design. *Clinical Simulation in Nursing, 12*(6), S5-S12. http://dx.doi.org/10.1016/j.ecns.2016.09.005

Issenberg, S. B., McGaghie, W. C., Petrusa, E. R., Gordon, D. L., & Scalese, R. J. (2005). Features and uses of high-fidelity medical simulations that lead to effective learning: a BEME systematic review. *Medical Teacher, 27*(1), 10-28.

Ivchenko, I., Lingur, L., & Filatova, T. (2021). Human resources management simulation in the IT-labor market. *Bulletin of VN Karazin Kharkiv National University Economic Series, (101),* 101-112.

Kolb, D. A. (1984). *Experiential learning: Experience as the source of learning and development.* Prentice Hall.

León-Castelao, E. & Maestre, J. M. (2019). *Prebriefing en simulación clínica: análisis del concepto y terminología en castellano.* Educación Médica. Volume 20, Issue 4, https://doi.org/10.1016/j.edumed.2018.12.011

Ley Orgánica 2/2023, de 22 de marzo, del Sistema Universitario. *Boletín Oficial del Estado, 71,* 40672-40714.

Lyons, R., Lazzara, E. H., Benishek, L. E., Zajac, S., Gregory, M., Sonesh, S. C., & Salas, E. (2015). Enhancing the Effectiveness of Team Debriefings in Medical Simulation: More Best Practices. *The Joint Commission Journal on Quality and Patient Safety, 41*(3), 115-125. https://doi.org/10.1016/S1553-7250(15)41016-5

Miller, G. E. (1990). The assessment of clinical skills/competence/performance. *Academic Medicine, 65*(9), S63-S67.

Naciones Unidas. (2023). *Objetivo 8: Trabajo decente y crecimiento económico.* Recuperado de https://www.un.org/sustainabledevelopment/es/economic-growth/ Fecha consulta: 14/04/2025

Okamuro, H., & Nishimura, J. (2013). Impact of university intellectual property policy on the performance of university-industry research collaboration. *The Journal of Technology Transfer, 38,* 673–694. https://doi.org/10.1007/s10961-012-9253-z

Patton, M. Q. (2014). *Qualitative research & evaluation methods: Integrating theory and practice* (4th ed.). Sage publications.

Reddy, Y. M., & Andrade, H. (2010). A review of rubric use in higher education. *Assessment & Evaluation in Higher Education, 35*(4), 435-448.

Rudolph, J. W., Simon, R., Raemer, D. B., & Eppich, W. J. (2008). Debriefing as formative assessment: closing performance gaps in medical education. *Academic Emergency Medicine, 15*(11), 1010-1016.

Suárez, R., & Pinzón, F. A. (2020). Neuroliderazgo: Simulación de un escenario como parte del proceso de Selección Organizacional. *Revista Espacios, 41*(08), 17.

Streiner, D., Norman, G. R., & Cairney, J. (2016). *Health measurement scales: a practical guide to their development and use.* Aust NZJ Public Health.

Tangpaisarn, T., Phrampus, P. E., & O'Donnell, J. M. (2025). Online Resources for Simulation Educators. In *Navigating Healthcare Simulation* (pp. 139-151). Springer, Cham. https://doi.org/10.1007/978-3-031-81265-1_14

Vygotsky, L. S. (1978). *Mind in Society: Development of Higher Psychological Processes.* Harvard University Press. https://doi.org/10.2307/j.ctvjf9vz4

BIOGRAFÍA ABREVIADA DE LOS AUTORES

LUIS LÓPEZ MOLINA. Doctor Internacional en Economía, con másteres en Dirección de Plantas Industriales e Ingeniería de la Producción, Gestión Portuaria y Gestión Logística. Su docencia se centra en Organización de Empresas y Gestión de los Recursos Humanos en la Escuela Superior de Ingeniería, y las Facultades de Ciencias Económicas y Empresariales y en la de Ciencias del Trabajo. Desde 2017, lidera el grupo SEJ-597 sobre Gestión Eficiente de la Producción, de los Recursos Humanos y de la Logística. Sus investigaciones abarcan Economía e Historia Económica, Emprendimiento, Physical Internet, Lean Manufacturing, Capacidad Laboral y Gestión Sanitaria. Es autor o coautor de 20 publicaciones, incluyendo artículos JCR y capítulos de libros SPI. Ha dirigido cuatro proyectos de transferencia empresarial (nacional, autonómico y comarcales, dos con fondos europeos) y participado en un proyecto europeo con más de 3 millones de euros de financiación. Actualmente, es responsable de contratos Art. 83 de la LOU con Telefónica y Let's Prototype (EEUU), ha dirigido dos Cátedras universitarias y dirige dos tesis doctorales. Ha realizado más de 2 años de estancias de investigación internacionales en Europa y América.

Capítulo 5

Simulaciones para el desarrollo de competencias y habilidades directivas internacionales en alumnos del grado en administración y dirección de empresas

JESÚS BARRENA MARTÍNEZ
(Universidad de Cádiz)

MARÍA JOSÉ FONCUBIERTA-RODRÍGUEZ
(Universidad de Cádiz)

ANNETTE MALLEUVE-MARTÍNEZ
(Universidad de Cádiz)

JOSÉ LUIS PEREA VICENTE
(Universidad de Cádiz)

Resumen

La creciente globalización de la fuerza laboral es un desafío para las instituciones de enseñanza superior hacia el desarrollo de habilidades internacionales de gestión cada vez más sólidas. Este capítulo presenta una metodología basada en las simulaciones. Con ello se pretende mejorar las competencias de los alumnos en áreas clave como: comunicación, negociación, gestión de conflictos y liderazgo. Las simulaciones introducen a los alumnos en escenarios corporativos realistas, donde ponen en práctica conocimientos teóricos, y a la vez fomenta el trabajo en equipo y la sensibilidad cultural. Este estudio tiene como objetivo evaluar el impacto pedagógico de las simulaciones, preparando a los alumnos para enfrentar con resiliencia los desafíos del mundo empresarial real. Los métodos clave que complementan la metodología: encuestas pre y post actividad, retroalimentación de pares y facilitadores, y análisis observacional durante las simulaciones se proponen como una herramienta de medición de resultados.

1. INTRODUCCIÓN

En el contexto universitario, la gestión internacional y la innovación docente se han vuelto fundamentales para garantizar una educación alineada con las demandas globales. Según datos de la UNESCO (2023), más del 30 % de los estudiantes de educación superior participan en programas de movilidad internacional, lo que refleja la creciente interconexión de los sistemas educativos y la necesidad de enfoques de enseñanza adaptativos. La digitalización, la simulación de escenarios reales y la aplicación de metodologías activas, como el aprendizaje basado en retos y la gamificación, han demostrado mejorar significativamente la capacidad de los estudiantes para enfrentar contextos inciertos y dinámicos (García-Peñalvo et al., 2022). Así, la gestión académica a nivel internacional no solo fomenta la cooperación entre instituciones, sino que también impulsa una formación más flexible e innovadora, clave para el desarrollo de profesionales preparados para liderar en un entorno globalizado.

Por otra parte, el avance de las tecnologías aplicadas a la educación ha impulsado nuevas metodologías de enseñanza que favorecen un aprendizaje más dinámico y efectivo. Dentro de estas metodologías, la simulación se ha consolidado como un recurso valioso que permite a los estudiantes enfrentarse a escenarios realistas sin los riesgos asociados a la práctica directa (Aranda et al. 2010).

Las simulaciones favorecen el aprendizaje experiencial al permitir que los estudiantes interactúen con entornos virtuales diseñados para replicar situaciones reales (Sitzmann, 2011). A través de estas experiencias, los estudiantes pueden aplicar teorías en contextos prácticos, facilitando la retención de conocimientos y la mejora de habilidades analíticas y de resolución de problemas (Domínguez et al., 2013). Un estudio realizado por Petit dit Dariel et al. (2013) en el ámbito de la enfermería reveló que el uso de simulaciones en la formación clínica incrementa la confianza y la toma de decisiones de los estudiantes, lo que demuestra la efectividad de este enfoque en disciplinas que requieren habilidades técnicas y cognitivas avanzadas.

En el ámbito del management, el uso de simulaciones tiene sus comienzos en las escuelas de negocios en Estados Unidos en la década de 1950 (Martin y McEvoy, 2003). En sus primeras etapas, los juegos de simulación se basaban en modelos sencillos que utilizaban variables cuantitativas interconectadas mediante rutinas predefinidas, permitiendo a los usuarios, o en este caso, alumnos, analizar casos empresariales y obtener conocimientos derivados de la reflexión y resolución de estos casos. Con el avance de las tecnologías de la información y las comunicaciones (TIC), los simuladores han experimentado una evolución significativa, dando lugar a aplicaciones altamente precisas que posibilitan a las empresas replicar la realidad con gran exactitud (Martin y McEvoy, 2003).

La asignatura International Managerial Skills, del grado en Administración y Dirección de Empresas, al igual que otras asignaturas de esta mención internacional en la Universidad de Cádiz[1], como International Management of Family Business, o Habilidades Directivas, buscan proporcionar a los estudiantes las competencias necesarias para gestionar equipos diversos, tomar decisiones estratégicas y comunicarse de manera efectiva en un contexto global tanto en el ámbito directivo como en de las empresas familiares. Para lograrlo, es fundamental emplear metodologías de enseñanza que fomenten la aplicación práctica del conocimiento y el desarrollo de habilidades blandas. Una de las estrategias pedagógicas más efectivas para este propósito es el juego de roles, una técnica de aprendizaje activo que permite a los estudiantes simular situaciones reales de gestión en un entorno controlado (Más, 2025). A través de esta metodología, los participantes pueden experimentar los desafíos que enfrentan los gerentes internacionales, practicar la toma de decisiones en escenarios dinámicos y mejorar sus habilidades de liderazgo, negociación y resolución de conflictos. Asimismo, el juego de roles fomenta el aprendizaje experiencial, promoviendo la reflexión crítica y la adaptación a contextos diversos (Fitrianto y Saif, 2024). Además, facilita la transferencia del conocimiento teórico a la práctica, permitiendo a los estudiantes enfrentarse a problemas complejos de manera estructurada. Estudios previos han demostrado que este enfoque mejora la retención del aprendizaje y aumenta la confianza de los participantes en la aplicación de sus habilidades en entornos profesionales (Kolb y Kolb, 2018).

Este capítulo explora la implementación de simulaciones, analizando su impacto en el desarrollo de competencias gerenciales y proporcionando recomendaciones para su aplicación efectiva en el aula. Las asignaturas de International Management of Family Business, International Managerial Skills y Habilidades Directivas, por poseer instrumentos de valoración, y adquisición de competencias similares, participan en el trabajo como transvase de experiencia entre sus coordinadores. Así, se pretende utilizar una metodología de reeingeniería de procesos en el aula en instituciones de educación superior (Parsyak et al., 2024).

La reingeniería pretende, a través de secuencias e interacciones, realizar un análisis y rediseño radical de la concepción de los negocios para lograr mejoras significativas en medidas como en costos, calidad, servicio y rapidez. Aplicado al ámbito de la docencia, con la misma filosofía, pretendemos aprovechar la experiencia y las interacciones establecidas entre alumnado y profesor para mejorar el desarrollo de las simulaciones, que sean más eficientes, en cuanto a la adquisición de competencias, y mejor ordenadas en sus pautas y tiempos. A través del campus virtual (Moodle), y en una sesión de formación

---

1 Fuente: página web de la Facultad de Ciencias Económicas y Empresariales de la Universidad de Cádiz: https://economicas.uca.es/gade_menc/

se pone en conocimiento de los alumnos cuáles deben ser las simulaciones, el procedimiento de las mismas, y su posterior evaluación. Los métodos clave que complementan la metodología son las encuestas pre y post actividad, la retroalimentación de pares y/o facilitadores, y el análisis observacional durante las simulaciones. Así, permite a los alumnos realizar un autoexamen acerca de qué habilidades desarrollan con más éxito que otras en un ambiente colaborativo y de resolución de conflictos complejos.

2. LA SIMULACIÓN COMO HERRAMIENTA DE APRENDIZAJE ACTIVO

Las simulaciones favorecen el aprendizaje experiencial al permitir que los estudiantes interactúen con entornos virtuales diseñados para replicar situaciones reales (Sitzmann, 2011). Este enfoque se alinea con las teorías del aprendizaje constructivista, en las que los estudiantes desarrollan habilidades prácticas mediante la interacción con situaciones simuladas (Kolb, 1984). Varios autores han estudiado la efectividad de las simulaciones en la educación. Sitzmann (2011) realizó un metaanálisis que concluyó que las simulaciones aumentan la retención del conocimiento y la motivación del estudiante. Por su parte, Gredler (2004) argumenta que las simulaciones permiten a los estudiantes experimentar consecuencias en un entorno seguro, fomentando el pensamiento crítico. Además, Gee (2007) resalta que los entornos simulados pueden mejorar la alfabetización digital y la resolución de problemas. Para que una simulación sea efectiva en el aula, se recomienda seguir los pasos indicados en la figura 1:

Figura 1: Fases de la simulación efectiva

Fuente: Adaptación de Gee (2007).

1. *Definir objetivos de aprendizaje.* Es crucial establecer qué competencias y conocimientos se desean desarrollar (Mayer, 2014).
2. *Seleccionar el tipo de simulación.* Puede ser basada en escenarios, juegos de roles, simulaciones digitales o modelos físicos (Aldrich, 2009).

3. *Diseñar un entorno realista.* La simulación debe reflejar con precisión la situación que se quiere enseñar, asegurando su relevancia para los estudiantes (Gredler, 2004).

4. *Guiar la experiencia con instrucciones claras.* Los estudiantes deben comprender las reglas y el propósito de la simulación para maximizar su aprendizaje (Gee, 2007).

5. *Facilitar la reflexión posterior.* Después de la simulación, es fundamental realizar una discusión o evaluación para conectar la experiencia con los conceptos teóricos (Kolb, 1984).

Las simulaciones ofrecen a los participantes la oportunidad de evaluar múltiples escenarios y sus consecuencias antes de implementar una decisión en un entorno real (Mayer, 2014). Esto fomenta el pensamiento crítico y permite una mejor comprensión del impacto de cada elección. *Ejemplo. Un simulador de gestión empresarial puede requerir que los participantes elijan estrategias de inversión, contratación y marketing, analizando sus efectos en la rentabilidad de la empresa.*

El aprendizaje basado en simulaciones permite a los participantes aplicar conceptos teóricos en un contexto interactivo, facilitando la retención del conocimiento (Kolb, 1984). Además, estas herramientas ayudan a trasladar el aprendizaje del aula a la práctica profesional (Aldrich, 2009). *Ejemplo. En un simulador de recursos humanos, los estudiantes pueden practicar la toma de decisiones en procesos de selección, evaluación del desempeño y negociación de contratos laborales.*

Las simulaciones en administración y recursos humanos requieren que los participantes colaboren y asuman distintos roles, fomentando el liderazgo y la toma de decisiones en equipo (Gee, 2007). Esto resulta esencial en la gestión de empresas, donde la comunicación efectiva y el liderazgo influyen en el éxito organizacional. *Ejemplo. En una simulación de crisis corporativa, los participantes deben coordinar estrategias de comunicación interna, gestión de riesgos y resolución de conflictos.*

Las simulaciones permiten experimentar y aprender de los errores sin causar daños financieros o reputacionales a la empresa (Aldrich, 2009). Esto las convierte en una opción rentable para capacitar a futuros directivos sin necesidad de intervenciones costosas en el mundo real. *Ejemplo. Un software de simulación de liderazgo permite a los participantes experimentar con distintos estilos de dirección sin afectar la dinámica real de una empresa.*

En un entorno empresarial dinámico, la capacidad de adaptarse rápidamente a cambios es crucial. Las simulaciones permiten a los participantes desarrollar resiliencia y adaptabilidad, enfrentando variaciones en los escenarios presentados (Sitzmann, 2011). *Ejemplo. En una simulación de toma de decisiones estratégicas, los participantes pueden experimentar con variables como cambios en el mercado, nuevas regulaciones y crisis económicas.*

Un ejemplo de simulación se representa en el Apéndice I.

3. METODOLOGÍA

Para valorar las simulaciones se propone adoptar un enfoque mixto, combinando métodos cualitativos y cuantitativos para analizar el impacto de las simulaciones en la formación de directivos y profesionales de recursos humanos. El enfoque mixto permite una mejor comprensión de fenómenos educativos, al combinar datos estadísticos con percepciones y experiencias de los participantes (Creswell y Plano Clark, 2017).

El proceso de investigación se ha de realizar mediante una serie de pasos, que son los reflejados en la Figura 2.

Figura 2: Fases del proceso de investigación

Fuente: Elaboración propia.

3.1. Diseño de la investigación

El estudio sigue un diseño pretest-postest con grupo de control, donde se evalúa el desempeño de los participantes antes y después de la intervención con simulaciones.

- *Grupo experimental.* Participantes que utilizarán simulaciones en su formación en habilidades directivas y gestión de recursos humanos.
- *Grupo de control.* Participantes que recibirán enseñanza tradicional basada en conferencias y estudios de caso.

La duración del estudio será de 12 semanas, con sesiones semanales de 90 minutos en las que se aplicarán distintos tipos de simulaciones empresariales.

3.2. Población y muestra

La población objetivo del estudio está compuesta por estudiantes de administración de empresas y profesionales en formación en recursos humanos. En lo referente a los estudiantes de nivel universitario, es preciso identificar variables como el año académico, la experiencia previa en prácticas de empresa (ayudará a controlar que alumnos están mejor preparados desde el punto de vista práctico para obtener mejores resultados en la simulación), la edad y el género. Y en los profesionales, resulta preciso controlar dentro de la formación: su experiencia previa (perfil de competencias), profesión a la que se dedican (ayudará a identificar el rol a asumir dentro de la simulación), la edad, y el género. Ambos aspectos ayudarán a garantizar la heterogeneidad en la selección de la muestra.

La muestra se seleccionará mediante un muestreo intencional y estará conformada por 50 estudiantes de nivel universitario en administración de empresas de una universidad reconocida y 50 profesionales en formación dentro de programas de desarrollo directivo en empresas del sector privado. El muestreo intencional permitirá seleccionar a los participantes con base en su idoneidad para responder las preguntas de investigación (Patton, 2002).

3.3. Instrumentos de recolección de datos

Para evaluar el impacto de las simulaciones, se utilizarán los siguientes instrumentos.

- *Cuestionarios pretest y postest.* Evaluarán conocimientos previos y adquiridos sobre habilidades directivas y gestión de recursos humanos.

- *Escalas de evaluación del desempeño.* Se analizará la toma de decisiones, liderazgo y trabajo en equipo en simulaciones.
- *Entrevistas semiestructuradas.* Se recogerán percepciones de los participantes sobre la utilidad de las simulaciones.
- *Observación participativa.* Se registrarán interacciones y dinámicas grupales en las sesiones de simulación.

La combinación de instrumentos permite obtener datos tanto objetivos como subjetivos sobre la efectividad de la metodología (Cohen, Manion y Morrison, 2018).

3.4. Procedimiento

El estudio seguirá las siguientes etapas dentro de las 12 semanas del curso:

- Fase 1. Diagnóstico inicial: Aplicación del pretest para evaluar conocimientos previos. En esta fase incorporar una actividad de análisis y valoración de los resultados del pretest, permitirá reajustar el diseño de la simulación, si fuera necesario, y obtener mayor éxito en la implementación.
- Fase 2. Implementación de la simulación: Se aplicarán diferentes tipos de simulaciones (negociación, toma de decisiones, gestión de crisis).
- Fase 3. Evaluación del desempeño: Se analizará la evolución de los participantes en liderazgo, trabajo en equipo y toma de decisiones.
- Fase 4. Reflexión y feedback: Se realizarán entrevistas y encuestas para medir la percepción de los participantes.
- Fase 5. Análisis de datos: Se compararán los resultados del pretest y postest, y se analizarán cualitativamente las entrevistas.

Una evaluación estructurada en fases permite medir el impacto de una intervención educativa de manera progresiva (Mertens, 2014).

4. ANÁLISIS DE DATOS

El análisis de datos se realizará de la siguiente manera, dependiendo de si tiene carácter cuantitativo o cualitativo.

- *Datos Cuantitativos.* Se aplicará estadística descriptiva e inferencial (prueba t de Student para muestras relacionadas) para comparar los resultados del pretest y postest.

- *Datos Cualitativos.* Se realizará un análisis de contenido de las entrevistas y observaciones mediante categorización temática.

Se utilizará el software SPSS para el análisis cuantitativo, y el software Atlas. ti para el análisis cualitativo. El uso de software especializado permite aumentar la fiabilidad y validez de los análisis de datos en estudios educativos (Miles, Huberman y Saldaña, 2014).

Consideraciones Éticas

El estudio seguirá los principios éticos establecidos por la Asociación Americana de Psicología (APA, 2017). Se solicitará consentimiento informado de los participantes. Se garantizará la confidencialidad de los datos, y su uso exclusivo a los fines expuestos. Los participantes podrán retirarse del estudio en cualquier momento sin consecuencias. El cumplimiento de principios éticos asegura la transparencia y validez de la investigación (Resnik, 2020).

5. CONCLUSIÓN

Las simulaciones son una herramienta que nos permitirán en las titulaciones en administración y dirección de empresas, el desarrollo de habilidades críticas en un entorno seguro y sin riesgos. Al facilitar la toma de decisiones, la aplicación de conocimientos, el liderazgo y la adaptabilidad, las simulaciones se consolidan como un método de enseñanza eficaz y rentable para la formación de futuros directivos y gestores de recursos humanos. En la asignatura International Managerial Skills, los alumnos han creado y desarrollado con la colaboración de la profesora responsable, una sesión de simulación basada en el enfoque educativo Serious Games. En ella han puesto en práctica las habilidades aprendidas acerca del trabajo en equipo en un ambiente de simulación de una reunión corporativa internacional (en la que se incluyen miembros de diferentes nacionalidades). En la reunión dieron respuesta al caso de estudio titulado: The Green Dilema, que consiste en poner sobre la mesa de reunión tres proyectos de energía verde, discutirlos entre todos, y llegar a un consenso acerca de cuál proyecto es el más viable. El propósito fue evaluar los diferentes comportamientos y habilidades de cada miembro para tomar una decisión colectiva, sin la identificación del rol de líder y facilitador en la reunión. Como conclusiones, cada grupo pudo reconocer sus debilidades y fortalezas en un ambiente de reunión en grupo. Entre las debilidades identificadas: del total de participantes (7) solo 4 participaban de forma activa de forma general, el resto permanecían en silencio sin aportar ninguna idea, no existiendo un orden en el tratamiento de la información relevante por la inexistencia de un líder o facilitador. Algunos miembros trataban de imponer sus criterios acerca de que proyecto elegir, sin tener en cuenta la opinión de la mayoría. Las fortalezas estuvieron encaminadas a la aplicación práctica de las habilidades de comunicación aprendidas en el contexto teórico de la asignatura. La profesora en esta actividad actuó como observadora y evaluadora. Los resultados de la evaluación sirvieron de retroalimentación para el perfeccionamiento de la asignatura y para la mejora del desempeño de los alumnos como futuros profesionales en el ámbito de la gestión corporativa internacional.

BIBLIOGRAFÍA

Aldrich, C. (2009). *Learning by doing: A comprehensive guide to simulations, computer games, and pedagogy in e-learning and other educational experiences.* John Wiley & Sons.

American Psychological Association (APA). (2017). *Ethical principles of psychologists and code of conduct.* APA.

Aranda, D. A., Domíguez, C. H., & Martínez, M. M. R. (2010). Un enfoque innovador del proceso de enseñanza-aprendizaje en la dirección de empresas: el uso de simuladores en el ámbito universitario An innovative approach to the learning process in management: the use of simulators in higher education. *Revista de educación,* 353, 707-721.

Bell, B. S., Kanar, A. M., & Kozlowski, S. W. (2008). Current issues and future directions in simulation-based training in North America. *The International Journal of Human Resource Management,* 19(8), 1416-1434.

Cohen, L., Manion, L., & Morrison, K. (2018). *Research methods in education* (8th ed.). Routledge.

Creswell, J. W., & Plano Clark, V. L. (2017). *Designing and conducting mixed methods research* (3rd ed.). SAGE.

Domínguez, A., Saenz-de-Navarrete, J., de-Marcos, L., Fernández-Sanz, L., Pagés, C., & Martínez-Herráiz, J. J. (2013). Gamifying learning experiences: Practical implications and outcomes. *Computers & Education,* 63, 380-392.

Faria, A. J., Hutchinson, D., Wellington, W. J., & Gold, S. (2009). Developments in business gaming. *Simulation & Gaming,* 40(1), 112-125.

Fitrianto, I., & Saif, A. (2024). The role of virtual reality in enhancing Experiential Learning: a comparative study of traditional and immersive learning environments. *International Journal of Post Axial: Futuristic Teaching and Learning,* 97-110.

García-Peñalvo, F. J., et al. (2022). Innovación educativa en la era digital: estrategias para la enseñanza universitaria. Springer.

Gee, J. P. (2007). What video games have to teach us about learning and literacy. Macmillan.

Gredler, M. E. (2004). Games and simulations and their relationships to learning. *Educational Technology Research and Development,* 52(2), 571-583.

Kolb, D. A. (1984). *Experiential learning: Experience as the source of learning and development.* Prentice Hall.

Kolb, A., & Kolb, D. (2018). Eight important things to know about the experiential learning cycle. *Australian educational leader,* 40(3), 8-14.

Martin, D. & McEvoy, B. (2003). Business simulations balanced approach to tourism education. *International Journal of Contemporary Hospitality Management*, 15 (6), 336-339.

Mas, G. R. (2025). Cliente real. Una experiencia internacional de juego de roles en marketing como nuevo contenido didáctico. *Revista de Estudios Empresariales. Segunda Época*, 195-206.

Mayer, R. E. (2014). *Multimedia learning.* Cambridge University Press.

Mertens, D. M. (2014). *Research and evaluation in education and psychology: Integrating diversity with quantitative, qualitative, and mixed methods* (4th ed.). SAGE.

Miles, M. B., Huberman, A. M., & Saldaña, J. (2014). *Qualitative data analysis: A methods sourcebook* (3rd ed.). SAGE.

Parsyak, V., Kanash, O., & Zhukova, O. (2024). Reengineering the Educational Process in Higher *Education Institutions on a Dual Basis. Economics & Education*, 9(1), 42-49.

Patton, M. Q. (2002). *Qualitative research and evaluation methods* (3rd ed.). SAGE.

Petit dit Dariel, O. J., Raby, T., Ravaut, F., & Rothan-Tondeur, M. (2013). Developing the serious games potential in nursing education. *Nurse Education Today*, 33(12), 1569-1575.

Resnik, D. B. (2020). *The ethics of research with human subjects: Protecting people, advancing science, promoting trust.* Springer.

Salas, E., Wildman, J. L., & Piccolo, R. F. (2009). Using simulation-based training to enhance management education. *Academy of Management Learning & Education*, 8(4), 559-573.

Sitzmann, T. (2011). A meta-analytic examination of the instructional effectiveness of computer-based simulation games. *Personnel Psychology*, 64(2), 489-528.

UNESCO. (2023). *Global Education Monitoring Report 2023: Higher Education in a Changing World.* París: UNESCO.

APÉNDICE I
EJERCICIO SIMULACIÓN. TOMA DE DECISIONES EN UN ENTORNO EMPRESARIAL

Objetivo: Desarrollar la capacidad de toma de decisiones bajo presión, liderazgo y gestión de conflictos en un entorno simulado de negocios.

Materiales Necesarios.

- *Ordenador o portátil con acceso a herramientas de simulación* (puede usarse un simulador de toma de decisiones empresarial como Capsim, SimulTrain o versiones más sencillas en Excel).
- *Rúbrica de evaluación del desempeño.*
- *Guía de roles y escenarios (impresa o digital).*
- *Instrucciones.* Formación de Equipos. Dividir a los estudiantes en grupos de 3 a 5 integrantes. Cada equipo representará el equipo directivo de una empresa que enfrenta una crisis operativa.
- *Escenario Simulado.* Se les presenta la siguiente situación:

Su empresa, "Innovatech S.A.", es una startup de tecnología con un crecimiento acelerado. Sin embargo, han surgido problemas de producción debido a la falta de coordinación entre los departamentos. Además, un cliente clave amenaza con cancelar un contrato importante si no recibe su producto en el plazo acordado. Como equipo directivo, deben tomar decisiones estratégicas en las próximas 48 horas.

Toma de Decisiones. Cada equipo debe analizar información financiera, operativa y de recursos humanos proporcionada por el profesor. Se deben evaluar al menos tres estrategias posibles y justificar la selección de la mejor opción.

Simulación en Acción. El profesor introduce imprevistos (por ejemplo, cambios en el mercado, renuncia de un directivo clave, un problema logístico inesperado).

Los equipos deben reaccionar en tiempo real y ajustar sus estrategias.

Presentación de Resultados. Cada equipo expone su plan de acción final en una presentación de 5-7 minutos. Se justifica cada decisión con base en liderazgo, gestión del cambio y toma de decisiones estratégicas.

Reflexión y Retroalimentación. Se realiza una discusión grupal sobre qué decisiones fueron efectivas y qué aspectos pueden mejorar. El profesor proporciona retroalimentación con base en criterios de liderazgo, comunicación y resolución de problemas.

Evaluación

- Análisis del problema (20%): Identificación clara de los desafíos.
- Toma de decisiones (30%): Justificación de estrategias con base en principios de gestión.
- Adaptabilidad (20%): Capacidad para responder a cambios inesperados.
- Presentación y argumentación (20%): Claridad en la exposición y defensa de sus decisiones.

Este ejercicio permitirá a los estudiantes desarrollar habilidades clave como liderazgo, resolución de problemas y comunicación efectiva en un entorno dinámico y realista.

BIOGRAFÍA ABREVIADA DE LOS AUTORES

JESÚS BARRENA-MARTÍNEZ. Profesor Titular de Universidad. Departamento de Organización de Empresas. Doctor Europeo en Economía y Dirección de Empresas por la Universidad de Cádiz. Actualmente es director del departamento de organización de empresas, y coordinador del programa europeo EHRM en la Universidad de Cádiz. Sus intereses de investigación y docencia giran alrededor de la dirección y gestión de recursos humanos, el comportamiento organizativo y la sostenibilidad. Pertenece al Instituto Europeo de Sostenibilidad en Gestión (iESG). Es miembro del grupo de investigación SEJ058: "Estudios empresariales, socioeconómicos y psicosociales del Campo de Gibraltar".

MARÍA-JOSÉ FONCUBIERTA-RODRÍGUEZ. Profesora Titular de Universidad. Departamento de Organización de Empresas. Doctora por la UNED. Pertenece al Instituto para el Desarrollo Social Sostenible (INDESS). Se ha especializado en dos sublíneas innovadoras: el IP como líder de grupos de investigación; y liderazgo y gestión para empresas psicosocialmente saludables, felicidad y bienestar laboral, especialmente ante la digitalización y la aplicación de los principios de sostenibilidad. Con ello asiste a las organizaciones en el cumplimiento de objetivos de desarrollo sostenibles, principalmente: ODS-8 y ODS-3. Es IP del grupo de investigación SEJ058: "Estudios empresariales, socioeconómicos y psicosociales del Campo de Gibraltar".

ANNETTE MALLEUVE MARTINEZ. Doctora en Ciencias Técnicas, Ingeniería Industrial por la Universidad Tecnológica de La Habana "José Antonio Echeverría", CUJAE. Es profesora del Departamento de Organización de Empresas, impartiendo contenidos en el programa bilingüe en Administración y Dirección de Empresas, y el doble grado en Finanzas y Contabilidad. Como investigadora ha desarrollado trabajos en el área de gestión y dirección de empresas con un enfoque integrado utilizando herramientas de arquitectura empresarial; ha colaborado además como consultora en desarrollo estratégico, diseño y gestión de procesos corporativos de equipos de dirección en empresas de diferentes sectores. Es miembro del grupo de investigación SEJ058: "Estudios empresariales, socioeconómicos y psicosociales del Campo de Gibraltar".

JOSÉ LUIS PEREA-VICENTE. Es profesor ayudante doctor, acreditado a titular en la Universidad de Cádiz (UCA) y actualmente ejerce como Vicedecano de Relaciones Internacionales. Su trayectoria académica y profesional se centra en el estudio del emprendimiento académico, liderazgo, capital humano y la innovación abierta, áreas en las que ha desarrollado una destacada labor investigadora y docente. A lo largo de su carrera, ha participado en numerosos proyectos nacionales e internacionales, promoviendo la colaboración entre universidades y empresas. Ha realizado estancias de investigación en el Reino Unido, concretamente en la Universidad de Newcastle, fortaleciendo así su proyección internacional. Su compromiso con la internacionalización y la transferencia del conocimiento lo convierten en una figura clave dentro de la Facultad, impulsando iniciativas que conectan el ámbito académico con el entorno empresarial y social. Es miembro del grupo de investigación SEJ058: "Estudios empresariales, socioeconómicos y psicosociales del Campo de Gibraltar".

Capítulo 6

La retroalimentación como herramienta para el desarrollo de la competencia de resolución de problemas en estudiantes de Dirección de RRHH: el papel clave del compromiso del estudiante

ANDRÉS SALAS VALLINA
(Universitat de València)

ALMA RODRÍGUEZ SÁNCHEZ
(Universitat Jaume I)

TERESA CANET GINER
(Universitat de València)

Resumen

El proceso de identificación y desarrollo de competencias clave es especialmente relevante en el caso de aquellos estudiantes que van a ejercer como profesionales de RRHH. Entre las competencias clave de cualquier profesional de RRHH destaca la competencia para la resolución de problemas futuros. Junto a ello, proporcionar una retroalimentación adecuada a los estudiantes debería ser una estrategia especialmente eficaz para desarrollar su capacidad de resolver problemas. Además, se plantea que un elevado nivel de compromiso del estudiante, a través de prácticas pedagógicas efectivas, podría ser clave para maximizar el impacto de la retroalimentación y mejorar sus competencias. Así, el principal objetivo del trabajo consiste en proporcionar evidencia sobre cómo fortalecer la competencia de resolución de problemas a través de la retroalimentación y fundamentalmente analizando el papel del compromiso en esta relación. Esta investigación, realizada en el año 2023, forma parte de un proyecto de innovación docente de la Universitat de València en colaboración con la Universitat Jaume I, que se centra en analizar el desarrollo de competencias directivas clave entre los estudiantes que podrán ser futuros directivos de recursos humanos. La muestra está formada por 96 estudiantes de segundo y tercer curso de los grados de RRLL y RRHH de la Universidad de Valencia y del grado de ADE en la Universidad Jaume I. Los resultados obtenidos avalan tanto la influencia de la retroalimentación sobre la resolución de problemas como el efecto mediador del compromiso en esta relación.

1. COMPETENCIAS CLAVE EN LA DIRECCIÓN Y GESTIÓN DE RECURSOS HUMANOS

La gestión por competencias es una pieza clave en los procesos de gestión de recursos humanos (RRHH). Autores como Luna (2018) señalan su papel clave en la gestión del talento humano, y la definen como una forma de ajuste entre la organización y el individuo, al explicar que las competencias que otorgamos a los diferentes puestos, ya sean generales o específicas, están claramente influidas, en su definición, por los valores y orientación estratégica de la empresa; y, a su vez, por las diferentes funciones de RRHH que se van a desempeñar (reclutamiento, desarrollo, motivación, entre otras) (Luna, 2018: 158). Según este autor, el concepto de competencia implica habilidades y conocimientos, más fáciles de entrenar, y actitudes, relacionadas con los valores individuales y determinados rasgos de la personalidad. Sobre las primeras la organización puede influir, a través de adecuadas políticas de formación y desarrollo. Pero sobre las actitudes se puede influir tan solo de manera indirecta, a través de políticas de RRHH que orienten hacia un comportamiento positivo (Luna, 2018).

Si la identificación adecuada de las competencias que los empleados de una organización deben poseer antes de iniciar un proceso de reclutamiento y selección es relevante, todavía es más importante identificar cuáles son las competencias clave de aquellos que vayan a ejercer como profesionales de los RRHH. Son muchos los trabajos previos que han reflexionado sobre esta temática (Coetzer et al., 2017; Cohen, 2015; Mcdonell y Sikander, 2017; Ulrich et al., 2013). Algunos de estos trabajos establecen concretamente cuáles se consideran competencias esenciales para ejercer el rol de profesional de RRHH. Por ejemplo, el trabajo de Mcdonell y Sikander (2017), a partir de una síntesis entre las competencias que se derivan de la literatura académica, las que provienen de la empresa y las detectadas a nivel de empleado, identifican competencias clave como las habilidades interpersonales, de escucha y pensamiento crítico, o la flexibilidad y adaptabilidad, entre otras. Y como competencias técnicas más específicas del puesto, las habilidades de comunicación, de trabajo en equipo, de adaptación al cambio, de toma de decisiones, de planificación estratégica o de resolución de problemas que son, entre otras habilidades, algunas de las que se consideran clave para un buen ejercicio de la profesión (Mcdonell y Sikander, 2017: 96).

De manera similar, el trabajo de Ulrich et al. (2013), recogiendo datos sobre profesionales del sector, identificó 139 competencias que clasificó en seis dominios competenciales a través de un análisis factorial, que recogen las diferentes habilidades y conocimientos que se esperan en un profesional de los RRHH. En concreto, los autores establecen que el responsable de RRHH debe participar en el posicionamiento estratégico de la empresa, poseyendo conocimientos y habilidades relacionados con la gestión de un negocio; debe actuar como un "activista creíble", siendo coherente en sus comportamientos y generando relaciones de confianza, mostrando así verdadero compromiso con su profesión; debe tener la competencia para construir capacidades, alineando las competencias individuales con las capacidades organizativas; debe actuar como impulsor del cambio, fomentando la iniciativa y la implicación hacia procesos de cambio; necesita utilizar y promover el uso de la tecnología; y, por último, debe ejercer un rol innovador e integrador sobre las prácticas de RRHH, conociendo las últimas tendencias y proponiendo soluciones para resolver futuros problemas (Ulrich et al., 2013).

En este sentido, todas las competencias señaladas parecen tener una orientación estratégica clara. Entre esas competencias clave de cualquier profesional de RRHH destaca la competencia para la resolución de problemas futuros, desde la perspectiva del conocimiento y la innovación. Es esta competencia, la de resolución de problemas, la que nos planteamos tratar con mayor profundidad en este trabajo. En la medida en que esta competencia sea fomentada y adquirida por los alumnos que van a realizar labores de dirección y gestión de RRHH, se estará contribuyendo a reforzar la dimensión estratégica de la función.

2. EL EFECTO DE LA RETROALIMENTACIÓN EN LA COMPETENCIA DE RESOLUCIÓN DE PROBLEMAS

La resolución de problemas se ha convertido en una competencia esencial en los entornos actuales, caracterizados por una mayor complejidad e incertidumbre (Funke et al., 2018). En este contexto, la rapidez de los cambios y la alta complejidad requieren que las personas sean capaces de adaptarse y encontrar soluciones efectivas de manera ágil. La incertidumbre, generada por factores como avances tecnológicos, cambios sociales y situaciones imprevistas, hace que la capacidad para identificar problemas, analizar posibles soluciones y tomar decisiones informadas sea más importante que nunca. En este sentido, la resolución de problemas no solo es relevante en el ámbito profesional, sino también en la vida cotidiana, ya que permite afrontar retos con una mentalidad proactiva y flexible, así como garantizar el bienestar de los empleados. Además, deben ser capaces de gestionar conflictos, implementar estrategias de retención y alinearse con los objetivos organizacionales. Su papel es clave para asegurar que los recursos humanos contribuyan al éxito y crecimiento sostenible de la organización. Esto se debe a que el ser humano es inherentemente complejo, ya que, a diferencia de otros seres vivos, las personas no siempre actúan siguiendo patrones lógicos predecibles, como los postulados de la elección racional que se suponen en las teorías económicas clásicas.

De hecho, en muchas ocasiones, los seres humanos toman decisiones menos racionales que otros animales, como señala Stanovich (2013). Este comportamiento puede ser explicado por la influencia de factores emocionales, sociales y contextuales que alteran nuestras elecciones. Los seres humanos no siempre mantienen preferencias estables o consistentes cuando se enfrentan a opciones dentro de un mismo contexto de decisión. La toma de decisiones humana está, por tanto, influenciada por una amplia gama de variables que dificultan la predicción exacta de sus acciones, lo que refleja la intrínseca irracionalidad y complejidad de la naturaleza humana. En este sentido, los profesionales de la dirección de recursos humanos deben poseer competencias de orden superior para gestionar personas de manera efectiva.

La gestión de talento no solo implica la administración de tareas operativas, sino también la capacidad para abordar situaciones complejas y cambiantes que requieren soluciones innovadoras. La resolución de problemas es una competencia clave dentro de estas habilidades de orden superior, ya que involucra dinámicas complejas de pensamiento crítico, análisis profundo y toma de decisiones fundamentadas. Este proceso requiere que los profesionales conecten diversos elementos, como las necesidades organizacionales, las características de los empleados y el contexto en el que operan. Además, la resolución de problemas en recursos humanos no solo busca respuestas inmediatas, sino que también requiere prever las consecuencias a largo plazo de las decisiones tomadas. Por lo tanto, esta competencia se convierte en una herramienta fundamental para garantizar el éxito y la sostenibilidad organizacional.

El desarrollo de la competencia de resolución de problemas se ha realizado tradicionalmente a través del estudio de problemas planteados en libros de texto, o utilizando actividades más complejas y dinámicas que implican interacción y tareas colaborativas. La competencia de resolución de problemas incluye razonamiento causal, construcción de modelos, inducción de reglas e integración de información. Sin embargo, sigue sin estar claro cómo se desarrolla la capacidad de resolución de problemas, especialmente entre los estudiantes de dirección de recursos humanos. En este sentido, se plantea que la orientación a los estudiantes es crucial para un proceso de enseñanza-aprendizaje eficaz en la educación superior (Housell et al., 2008), porque los estudiantes necesitan conocer la calidad de lo que están haciendo y regular lo que están produciendo (Sadler, 1989).

En consecuencia, proporcionar una retroalimentación adecuada a los estudiantes debería ser una estrategia especialmente eficaz para desarrollar su capacidad de resolver problemas, una habilidad fundamental en el ámbito académico y profesional. La retroalimentación permite a los estudiantes identificar áreas de mejora, ajustar sus enfoques y consolidar el aprendizaje de manera más efectiva. Sin embargo, el gran tamaño de las clases y la presión por cumplir con los horarios curriculares más comprimidos a menudo conducen a que los profesores subutilicen la retroalimentación continua como herramienta pedagógica (Housell et al., 2008). Este contexto limita las oportunidades para que los estudiantes reciban comentarios detallados y constructivos, lo que reduce su capacidad para reflexionar sobre su proceso de resolución de problemas. Sería interesante realizar investigaciones que proporcionen evidencia sobre cómo fortalecer la resolución de problemas a través de la retroalimentación. Por ejemplo, explorar métodos como el *feedback* personalizado en pequeños grupos, o el uso de tecnologías educativas podría mejorar la calidad de la retroalimentación y maximizar su impacto. A través de estos enfoques, se podría fomentar un aprendizaje más profundo y una mayor capacidad para enfrentar y resolver desafíos de manera autónoma y eficaz.

Por lo tanto, la primera hipótesis de esta investigación es:

H1: La retroalimentación ofrecida por el profesorado tiene un efecto directo y positivo en la competencia de resolución de problemas del alumnado.

3. EL PAPEL MEDIADOR DEL *ENGAGEMENT* EN LA RELACIÓN ENTRE LA RETROALIMENTACIÓN Y LA COMPETENCIA DE RESOLUCIÓN DE PROBLEMAS

Es relevante también analizar en qué circunstancias la retroalimentación de los profesores resulta especialmente eficaz para fomentar la competencia de resolución de problemas de los estudiantes. La literatura muestra que el *engagement* es fundamental para la aceptación de la retroalimentación por parte de los estudiantes (Handley et al., 2011). En este sentido, se propone al *engagement* como variable que media positivamente la relación entre la retroalimentación y la competencia de resolución de problemas.

En primer lugar, la reotroalimentación afecta positivamente al *engagement*. Los estudiantes que están comprometidos con su aprendizaje son más propensos a ver la retroalimentación como una herramienta valiosa para mejorar su desempeño y no simplemente como una evaluación del mismo. Por otra parte, la retroalimentación es un recurso especialmente valioso, y como tal, de acuerdo con el modelo de demandas y recursos, lleva a una mejora en el *engagement* (Demerouti et al., 2001). La retroalimentación en el aula desempeña un papel crucial en el proceso de aprendizaje, ya que influye directamente en el compromiso de los estudiantes (*engagement*). Una mayor retroalimentación por parte del profesor mejora este *engagement*, ya que crea un ciclo positivo de interacción y reflexión que aumenta la implicación del estudiante en su propio proceso de aprendizaje. En primer lugar, la retroalimentación continua permite a los estudiantes comprender mejor sus fortalezas y debilidades, lo que les brinda una dirección clara sobre cómo mejorar. Este conocimiento les da un sentido de control sobre su aprendizaje, lo que favorece una actitud proactiva y aumenta su motivación para seguir participando activamente.

El *engagement* está estrechamente relacionado con el sentido de relevancia que los estudiantes atribuyen a la tarea y la retroalimentación. Cuando los estudiantes perciben que la retroalimentación es específica, útil y directamente vinculada a sus esfuerzos, sienten que sus acciones tienen un impacto tangible en su desarrollo académico. Esta conexión fomenta un mayor interés y participación en las actividades del aula, ya que se sienten más valorados y reconocidos en su proceso de aprendizaje.

Además, la retroalimentación frecuente permite a los estudiantes adoptar una mentalidad de crecimiento, ya que perciben los errores no como fracasos, sino como oportunidades de aprendizaje. Esto fomenta un ambiente en el que los estudiantes se sienten seguros para asumir riesgos y explorar nuevas ideas, lo que contribuye a un mayor *engagement*. La interacción constante con el profesor mediante la retroalimentación también fortalece la relación profesor-estudiante, promoviendo un sentido de apoyo y pertenencia dentro del aula. En resumen, la retroalimentación no solo mejora el rendimiento académico, sino que también fortalece el *engagement*, lo que se traduce en un aprendizaje más significativo y profundo.

Este nivel de compromiso influye directamente en su disposición a reflexionar sobre los comentarios recibidos y aplicarlos de manera constructiva. Además, hay un creciente número de estudios que exploran el papel del *engagement* junto con la retroalimentación en el contexto de la educación superior (por ejemplo, Zhang, 2020). Estos estudios han comenzado a arrojar luz sobre cómo factores como la motivación intrínseca, la percepción de la relevancia de la retroalimentación y el nivel de interacción con los profesores afectan la manera en que los estudiantes reciben y utilizan los comentarios.

En segundo lugar, se espera que el *engagement* desarrolle de forma positiva la competencia de resolución de problemas. Un estudiante altamente comprometido no solo está más dispuesto a recibir retroalimentación, sino que también demuestra una mayor capacidad para integrar esos comentarios en su proceso de aprendizaje.

El *engagement* juega un papel crucial en el desarrollo de competencias, particularmente en el contexto de la educación superior. Dado que el aprendizaje es una actividad humana compleja, factores como el *engagement* en el entorno educativo, las percepciones del entorno de aprendizaje y la autorregulación influyen significativamente en los resultados académicos. Investigaciones previas han demostrado que el *engagement* de los estudiantes media la relación entre estos factores y los resultados clave del aprendizaje, incluyendo el desarrollo de habilidades generales (Guo, 2018). Los estudiantes comprometidos son más propensos a participar activamente en el proceso de aprendizaje, lo que fomenta el pensamiento crítico, la resolución de problemas y otras habilidades esenciales para el éxito académico y el crecimiento profesional. Además, el *engagement* potencia la motivación de los estudiantes, permitiéndoles buscar el dominio del contenido y las habilidades, en lugar de centrarse únicamente en obtener calificaciones. Al integrar el *engagement* con otros marcos de aprendizaje, como el aprendizaje autorregulado y los enfoques de aprendizaje, se puede lograr una comprensión más integral de cómo los estudiantes desarrollan habilidades. Este enfoque integrado revela los efectos dinámicos e interactivos que el *engagement*, junto con los factores personales y contextuales, tiene en el desarrollo de habilidades en la educación superior.

Por lo tanto, promover el *engagement* a través de prácticas pedagógicas efectivas podría ser clave para maximizar el impacto de la retroalimentación y mejorar las competencias académicas de los estudiantes. Sin embargo, el compromiso de los estudiantes es un fenómeno complejo y sabemos poco sobre sus antecedentes y resultados positivos de aprendizaje (Zhang y Hyland, 2022). El compromiso implica mayor dedicación, satisfacción y entrega (Llorens et al., 2007), y se ha relacionado con una mejora significativa en el rendimiento del aprendizaje (Raza et al., 2020).

En consecuencia, nuestra segunda hipótesis es:

H2: El compromiso del alumnado ejerce un efecto mediador en la relación entre la retroalimentación ofrecida por los profesores y la competencia de resolución de problemas del alumnado.

La presente investigación propone controlar la variable dependiente del modelo de investigación (competencia de resolución de problemas) a través de la satisfacción de los estudiantes con el uso de la tecnología, las calificaciones anteriores de los estudiantes, la edad y el género, con el fin de verificar la posible influencia de estas variables en los resultados del modelo propuesto. La figura 1 muestra el modelo teórico propuesto.

Figura 1. Modelo teórico propuesto

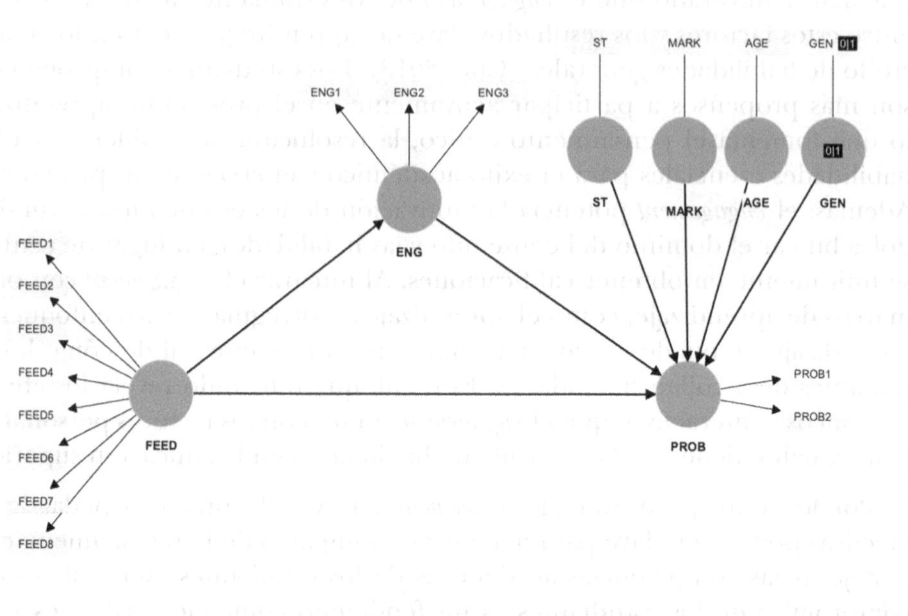

Nota: RETR = Retroalimentación; ENG = Engagement; PROB = Competencia de resolución de problemas; ST = Satisfacción de los estudiantes con el uso de la tecnología: NOTA = Nota media previa del alumno/a; EDAD = Edad; GEN = Género.

4. METODOLOGÍA

Esta investigación forma parte de un proyecto de innovación docente de la Universitat de València en colaboración con la Universitat Jaume I, que se centra en analizar el desarrollo de competencias directivas clave entre los estudiantes que podrán ser futuros directivos de recursos humanos.

La muestra está formada por 96 estudiantes, con una edad promedio de 20,92 años, siendo el 64% mujeres y el 36% hombres. El cuestionario se distribuyó de forma electrónica durante el mes de marzo del año 2023.

Para medir el *engagement* del alumnado se utilizó la escala ultra-short *engagement* scale (Schaufeli et al., 2002). Se trata de una escala de 3 ítems (ej. "En mis estudios me siento lleno/a de energía"). El Alfa de Crobach fue de 0,818.

Para medir la *resolución de problemas* (ej. "Se ha seguido algún tipo de método para la resolución de los casos") y la *retroalimentación* (ej. "Los objetivos se han transmitido bien y han sido comprendidos"), se utilizaron las subescalas de Viles et al. (2013). El Alfa de Crobach fue respectivamente de 0,613 y 0,779, respectivamente.

Todas las escalas utilizadas se contestaban siguiendo una escala de frecuencia respuesta tipo Likert donde el valor 1 corresponde a "nunca" y 5 correspondía a "siempre".

Las propiedades psicométricas de todas las escalas de medición han sido comprobadas previamente en investigaciones anteriores. Debido a la naturaleza transversal de la investigación, pueden surgir problemas relacionados con el sesgo de método común *(common method bias)* en relación con la validez interna. Para comprobar los posibles problemas de sesgo de método común, tomamos medidas a priori y post hoc para minimizar el riesgo potencial de este tipo de sesgo.

La muestra está formada por estudiantes universitarios y asumimos que su nivel de conocimientos les permitiría comprender y responder a las preguntas de la encuesta sin dificultades. También se explicaba el objetivo de la investigación al comienzo del cuestionario. Para garantizar que el sentido de las preguntas se transfiriera con precisión a través de los idiomas, se utilizó una muestra inicial de diez estudiantes para verificar que las preguntas se entendían con claridad. También se realizaron entrevistas con ellos para refinar el lenguaje utilizado en el cuestionario. De la misma manera, se cambió la dirección de la escala para reducir el sesgo de respuesta. Adicionalmente, se tomaron medidas post hoc para reducir el posible sesgo de método común. Se verificó la colinealidad completa como un procedimiento integral para la evaluación simultánea de la colinealidad vertical y lateral.

5. RESULTADOS

En primer lugar, se analizó el modelo de medida. Para evaluar el ajuste del modelo, se utilizó el valor SRMR. Valores hasta 0,08 indican un ajuste adecuado (Henseler et al., 2014). El modelo presenta un valor del índice SRMR de 0,076, por lo que su ajuste es bueno. También se comprobó la validez convergente a través de las cargas factoriales, la varianza media extraída y la fiabilidad compuesta (Hair et al., 2017). Las cargas factoriales fueron superiores a 0,6 (se eliminaron 3 ítems con cargas inferiores para el constructo de *retroalimentación*). Además, los valores de la varianza media extraída son superiores a 0,4, y los valores de la fiabilidad compuesta son superiores a 0,6, por lo que se confirma la validez convergente (Fornell and Larcker, 1981). Para evaluar la validez discriminante, se utilizó el índice HTMT, cuyos valores tienen que ser inferiores a 0,85 (Franke and Sarstedt, 2019). Los resultados presentan valores inferiores a 0,85, por lo que se confirma la validez discriminante entre los constructos.

En segundo lugar, se procedió a comprobar el modelo estructural. Primero se chequeó que los valores VIF fueran inferiores a 3,3, lo que permite descartar problemas de multicolinealidad (Diamantopoulos and Siguaw, 2006). Además, las variables *engagement* y *capacidad de resolución de problemas* muestran valores positivos para el indicador Q^2, lo que indica capacidad predictiva significativa.

Las hipótesis fueron revisadas utilizando PLS-SEM mediante el software Smart PLS 4.0, que es un método apropiado para la predicción de la investigación en áreas como la gestión de recursos humanos. PLS-SEM se centra en maximizar la varianza explicada de las variables dependientes. Se utilizó un método de bootstrap con 5.000 iteraciones para comprobar la significatividad de las conexiones sugeridas entre las variables.

La hipótesis 1 proponía un efecto directo entre la retroalimentación ofrecida por el profesorado y la competencia de resolución de problemas. Los resultados confirman la hipótesis 1 (β = 0,290, t = 2,457, LL = 0,043, UL = 0,500, p > .05). La hipótesis 2 predice un efecto de mediación del *engagement* en la relación entre la retroalimentación del profesorado y la capacidad de resolución de problemas del estudiantado. Los resultados muestran que 0 no está incluido en los intervalos de confianza del efecto indirecto (β = 0,099, t = 2.278, LL = .032, UL = .200, p < 0.05), lo que sugiere un efecto de mediación. La figura 2 muestra los resultados del modelo estructural.

Figura 2. Resultados del modelo de investigación.

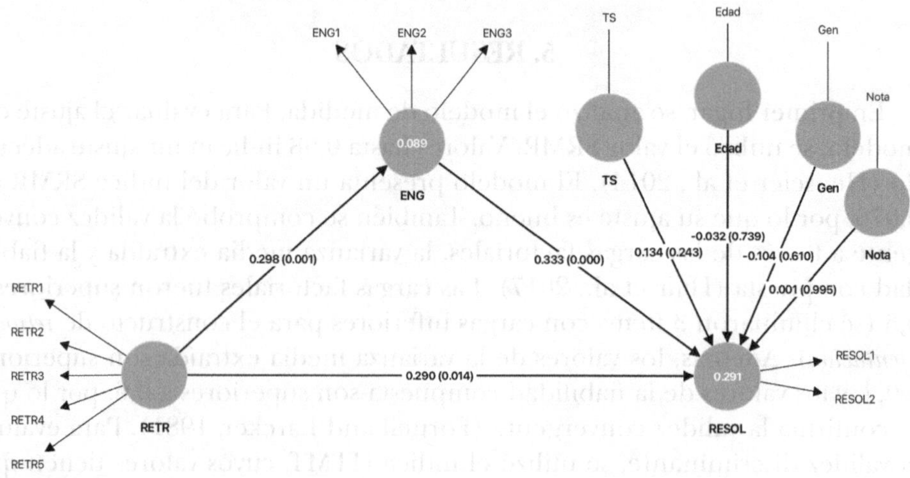

Nota: RETR = Retroalimentación; ENG = Engagement; RESOL = Competencia de resolución de problemas; TS = Satisfacción de los estudiantes con el uso de la tecnología: NOTA = Nota media previa del alumno/a; Gen = Género.

6. DISCUSIÓN

El desarrollo de un pensamiento más complejo es una necesidad para transformar la realidad humana, es un desafío reflexionar sobre todo lo que nos rodea. Los hallazgos anteriores muestran que el pensamiento complejo, en forma de competencia de resolución de problemas, se puede desarrollar entre los estudiantes de gestión de recursos humanos mediante el suministro de retroalimentación. Así, la retroalimentación de los profesores hacia los estudiantes surge como un elemento necesario en el proceso de enseñanza-aprendizaje. La retroalimentación se ha explorado como un antecedente del pensamiento complejo, como el pensamiento computacional (Chevalier et al., 2022), pero hasta la fecha no estaba claro si la retroalimentación de los profesores ejerce un efecto positivo claro en la capacidad de resolución de problemas de los estudiantes en la educación superior, y en particular entre los estudiantes de gestión de recursos humanos. Además, la capacidad explicativa del modelo propuesto mejora cuando se introduce el *engagement* o compromiso de los estudiantes como variable mediadora entre el *feedback* y la competencia de resolución de problemas.

El proceso por el cual la retroalimentación de los profesores impulsa la competencia de resolución de problemas del estudiantado, implica la participación activa de los propios estudiantes, con el compromiso como una variable clave. Este enfoque representa una novedad en la investigación sobre el proceso de enseñanza-aprendizaje en la educación superior, especialmente en el ámbito de los estudios de dirección de recursos humanos.

Tradicionalmente, los estudios sobre el desarrollo de competencias en la educación superior se han centrado en factores como la calidad de la retroalimentación o el diseño de los programas, pero han prestado escasa atención al compromiso de los estudiantes como mecanismo mediador. El compromiso, entendido como la dedicación, la energía y la absorción que los estudiantes invierten en su aprendizaje, puede ser un elemento determinante para que la retroalimentación se traduzca en mejoras reales en sus competencias. La incorporación del *engagement* como variable mediadora ofrece una perspectiva innovadora para comprender mejor los mecanismos que potencian el desarrollo de competencias de orden superior en el ámbito universitario.

Estos planteamientos sugieren que la retroalimentación no solo debe ser clara y constructiva, sino que también debe fomentar una actitud activa en los estudiantes, motivándolos a reflexionar, analizar y aplicar los comentarios recibidos para resolver problemas de manera autónoma. Sin embargo, no debemos olvidar el contexto educativo en el que se encuentra la universidad pública, donde los grupos son muy numerosos. En este contexto, la posibilidad de ofrecer un *feedback* en pequeños grupos, necesario para conseguir ese compromiso del estudiante y que contribuirá a mejorar su motivación para adquirir las competencias clave, representa un sobreesfuerzo para los docentes. Por ello, los resultados de este trabajo, que muestran la relevancia de dos cuestiones clave como la retroalimentación efectiva y el compromiso del estudiante, deberían servir también para concienciar a las autoridades educativas, no solo en el ámbito universitario sino también en el ámbito político, regional y nacional, de la necesidad de dotar de recursos adecuados a la universidad pública. Gracias a estos recursos, los futuros profesionales de un ámbito tan relevante en la sociedad como los directivos de RRHH podrán adquirir competencias clave que contribuyan a la mejora de la sostenibilidad social de las empresas.

BIBLIOGRAFÍA

Chevalier, M., Giang, C., El-Hamamsy, L., Bonnet, E., Papaspyros, V., Pellet, J. P., Audrin, C., Romero, M., Baumberger, B. & Mondada, F. (2022). The role of feedback and guidance as intervention methods to foster computational thinking in educational robotics learning activities for primary school. *Computers & Education*, 180, 104431.

Coetzer, A., Ryan, M. M., Susomrith, P., & Suseno, Y. (2017). Challenges in addressing professional competence expectations in human resource management courses. *Asia Pacific Journal of Human Resources*, 55(4), 454-475.

Cohen, D.J. (2015). HR past, present and future: A call for consistent practices and a focus on competencies. *Human Resource Management Review*, 25(2), 205-215.

Demerouti, E., Bakker, A. B., Nachreiner, F., & Schaufeli, W. B. (2001). The job demands-resources model of burnout. *Journal of Applied Psychology*, 86(3), 499-512.

Diamantopoulos, A., & Siguaw, J.A. (2006). Formative versus reflective indicators in organizational measure development: A comparison and empirical illustration. *British journal of management* 17(4), 263-282.

Fornell, C. & Larcker, D.F. (1981). Evaluating structural equation models with unobservable variables and measurement error. *Journal of Marketing Research* 18(1), 39-50.

Franke, G., & Sarstedt, M. 2019. Heuristics versus statistics in discriminant validity testing: a comparison of four procedures. *Internet Research*, 29(3), 430-447.

Funke, J., Fischer, A. & Holt, D.V. (2018). *Competencies for Complexity: Problem Solving in the Twenty-First Century*. In: Care, E., Griffin, P., Wilson, M. (eds) Assessment and Teaching of 21st Century Skills. Educational Assessment in an Information Age. Springer, Cham.

Guo, J. (2018). Building bridges to student learning: Perceptions of the learning environment, engagement, and learning outcomes among Chinese undergraduates. *Studies in Educational Evaluation*, 59, 195-208.

Hair Jr, J.F., Matthews, L.M., Matthews, R.L. & Sarstedt, M. (2017). PLS-SEM or CB-SEM: updated guidelines on which method to use. *International Journal of Multivariate Data Analysis*, 1(2), 107-123

Handley, K., Price, M., & Millar, J. (2011). Beyond 'doing time': investigating the concept of student engagement with feedback. *Oxford Review of Education*, 37(4), 543-560.

Henseler, J., Dijkstra, T.K., Sarstedt, M., Ringle, C.M., Diamantopoulos, A., Straub, D.W., Ketchen Jr., D.J., Hair, J.F., Tomas, G., Hult, M. & Calantone, R.J. (2014). Common beliefs and reality about PLS: Comments on Rönkkö and Evermann (2013). *Organizational research methods,* 17(2), 182-209.

Llorens, S., Schaufeli, W., Bakker, A., & Salanova, M. (2007). Does a positive gain spiral of resources, efficacy beliefs and engagement exist? *Computers in human behavior,* 23, 825 841. https://doi.org/10.1016/j.chb.2004.11.012

Luna, R. (2018). *Gestión del talento. De los recursos humanos a la dirección de personas basada en el talento.* Editorial Pirámide.

Mcdonnell, L., & Sikander, A. (2017). Skills and competencies for the contemporary human resource practitioner: a synthesis of the academic, industry and employers' perspectives. *The journal of developing areas,* 51(1), 83-101.

Raza, S. A., Qazi, W. & Umer, B. (2020). Examining the impact of case-based learning on student engagement, learning motivation and learning performance among university students. *Journal of Applied Research in Higher Education,* 12(3), 517-533.

Sadler, D. R. (1989). Formative assessment and the design of instructional systems. *Instructional science,* 18(2), 119-144.

Schaufeli, W. B., Shimazu, A., Hakanen, J., Salanova, M. & De Witte, H. (2019). An Ultra-Short Measure for Work Engagement. *European Journal of Psychological Assessment,* 35(4), 577-591.

Stanovich, K. E. (2013). Why humans are (sometimes) less rational than other animals: Cognitive complexity and the axioms of rational choice. *Thinking & Reasoning,* 19(1), 1-26.

Ulrich, D., Younger, J., Brockbank, W. & Ulrich, M. D. (2013). The state of the HR profession. *Human Resource Management,* 52(3), 457-471.

Viles, E., Zárraga-Rodríguez, M. & Jaca, C. (2013). Herramienta para evaluar el funcionamiento de los equipos de trabajo en entornos docentes. *Intangible Capital,* 9 (1), 281-304.

Zhang, Z. V. (2020). Engaging with automated writing evaluation (AWE) feedback on L2 writing: Student perceptions and revisions. *Assessing Writing,* 43, 100439.

Zhang, Z. V. & Hyland, K. (2022). Fostering student engagement with feedback: An integrated approach. *Assessing Writing,* 51, 100586.

Zhao, X., Lynch Jr, J. G. & Chen, Q. (2010). Reconsidering Baron and Kenny: Myths and truths about mediation analysis. *Journal of consumer research,* 37(2), 197-206.

BIOGRAFÍA ABREVIADA DE LOS AUTORES

ANDRÉS SALAS VALLINA. Es profesor titular en el Departamento de Dirección de Empresas de la Universitat de València, y co-director del Máster en Dirección y Gestión de Recursos Humanos. Sus áreas de investigación se centran en la gestión de recursos humanos, el desempeño y el bienestar en el trabajo. Ha publicado en diferentes revistas internacionales entre las que destacan Journal of Management & Organization, Human Resource Management, Technovation, Business Research Quarterly o Personnel Review, entre otras. Ha participado y dirigido distintos proyectos de investigación autonómicos y del Plan Nacional de I+D+i, así como en proyectos aplicados para el diseño de la estructura organizativa tanto de empresas privadas como de la Administración Pública. Actualmente es editor asociado de las revistas Business Research Quarterly y Journal of Applied Psychology.

ALMA RODRÍGUEZ SÁNCHEZ. Es profesora titular del Departamento de Administración de Empresas y Marketing de la Universitat Jaume I. Doctora en Psicología del Trabajo y de las Organizaciones por la Universitat Jaume I (2009) ha realizado distintas estancias de investigación y docentes a nivel europeo, por ejemplo, en la Universidad de Utrecht (Holanda), en el Instituto Finlandés de Salud Laboral (Helsinki) o la Universidad de la Sapientia (Roma) Su investigación gira en torno al comportamiento organizativo y la gestión de los recursos humanos desde un enfoque humanista. Ha publicado en diferentes revistas internacionales entre las que destacan Work & Stress, Human Relations, Group & Organization Management, Stress & Health, Business Research Quarterly, entre otras.

MARÍA TERESA CANET GINER. Es profesora titular del Departamento de Dirección de empresas de la Universidad de Valencia. Su investigación se ha centrado en el análisis de la estrategia y el comportamiento organizativo, y en particular en la dirección de RRHH desde una perspectiva estratégica. Ha publicado en revistas tanto españolas como internacionales como Journal of Organizational Change Management, Service Business, Service Industries Journal, Total Quality Management & Business Excellence o European Management Journal, entre otras. Ha realizado estancias de investigación en universidades nacionales (Universidad de Alicante) y extranjeras (Aston University, Manchester Metropolitan University). Ha sido invitada a impartir conferencias y seminarios en distintas universidades extranjeras como la Universidad Regional de Blumenau (Brasil) o la Universidad del Norte en Barranquilla (Colombia).

Capítulo 7

Introduciendo rigurosidad científica a la búsqueda de información de los trabajos del alumnado en Grados y Máster

MÓNICA SANTANA
(Universidad Pablo de Olavide)

SANTIAGO KOPOBORU AGUADO
(Universidad Pablo de Olavide)

Resumen

Este capítulo aborda la importancia de desarrollar competencias científicas y analíticas en estudiantes universitarios españoles, especialmente en el contexto de la era de la inteligencia artificial y el exceso de información. Se destaca que los estudiantes a menudo recurren a fuentes no científicas para sus trabajos académicos, lo que puede resultar en presentaciones con un fuerte componente subjetivo. El texto enfatiza la necesidad de que los estudiantes aprendan a utilizar fuentes de información válidas y herramientas para analizar datos, dado el crecimiento exponencial de la información disponible.

El proyecto de innovación docente descrito se centra en la aplicación de la bibliometría, específicamente utilizando la herramienta de mapeo científico SciMAT, para mejorar las presentaciones y trabajos de los estudiantes de la asignatura de Economía de las Organizaciones de 4º del Grado de Administración de Empresas (16 estudiantes) y 3º del Grado de Análisis Económico (20 estudiantes) en el curso 2022-23. Este enfoque busca iniciar a los alumnos en el uso de herramientas que les ayuden a filtrar información y generar conocimiento de manera más efectiva. A través de un estudio cualitativo, los alumnos han valorado positivamente la adquisición de nuevas competencias (como la capacidad de análisis y búsqueda de información e incluso el trabajo en equipo), también ha contribuido a mejorar la participación y asistencia a clases. El capítulo concluye señalando que este proyecto es pionero en aplicar la bibliometría a las actividades ordinarias del alumnado en la Universidad Pablo de Olavide, más allá de los trabajos de fin de grado y máster, donde ya se ha aplicado con anterioridad, pudiéndose implantar en diversas asignaturas del área de Organización de Empresas.

1. INTRODUCCIÓN

Frecuentemente, entre las actividades desarrolladas para evaluar la adquisición de conocimientos y competencias del alumnado en las universidades españolas caben citar, además de los trabajos de fin de grado y fin de máster, las presentaciones o trabajos que deben preparar para exponer algún contenido específico ya sea de forma individual o grupal. En el contexto universitario español, es una realidad que dicho alumnado universitario, sobre todo a nivel de Grados e incluso de Máster, recurra a fuentes que, si bien pueden constituir una fuente de información válida y enriquecedora, no tienen rigor científico, cómo las páginas web, prensa no especializada, etc. Los estudiantes universitarios deberían graduarse de la universidad con ciertas competencias científicas y de análisis debidamente adquiridas. De esta manera, pueden enfrentarse a los distintos temas, con amplitud de miras y evitando sesgos, creencias u opiniones que dan lugar a que el contenido de las presentaciones o trabajos tengan un fuerte componente subjetivo.

Los datos son fundamentales hoy en día, más aún en la era de la inteligencia artificial, donde los avances tecnológicos han dado lugar al desarrollo de muy variadas herramientas para analizar la información y los datos. De acuerdo con directivos de empresas del sector tecnológico como HP o Sencha, estas herramientas para el análisis de datos se vuelven cruciales, más aún si tenemos en cuenta que se han creado más datos en los últimos dos años que en los 5.000 años anteriores de la humanidad (Harris, 2017) y el objetivo, por tanto, es transformar datos en información e información en conocimiento.

Además, el exceso de información genera nuevos problemas y desafíos: 1) La capacidad humana para analizar, comprender, interpretar y generar nuevo conocimiento no ha cambiado con el tiempo; 2) El exceso de información dificulta la interpretación y el análisis; 3) Tomar las decisiones correctas es una tarea difícil. En este sentido, como se ha comentado anteriormente, en el ámbito universitario los estudiantes disponen de muchas fuentes de información gracias al desarrollo de internet y la inteligencia artificial, donde incluso proliferan páginas web, que les ofrecen preparar sus presentaciones o trabajos. Por eso es fundamental, que los alumnos tengan claro qué se espera de sus trabajos y presentaciones y que no. Es decir, los estudiantes deben aprender qué fuentes de información son válidas y han de recurrir a ellas. Más aún si tenemos en cuenta que cada vez existen más bases de datos bibliográficas o académicas (Scopus, Web of Science (WoS), Google Scholar, ResearchGate, Altmetric) y más información a través de prensa digital o redes sociales como, por ejemplo, X (antiguo Twitter) o YouTube.

Por tanto, el exceso de información crea nuevas necesidades para simplificar y transformar la información general o académica. En este sentido, existen nuevas técnicas, metodologías o herramientas capaces de filtrar información y generar conocimiento: inteligencia artificial, minería de textos, sistemas de recuperación de información, sistemas de recomendación y filtrado o ciencia de la ciencia como la bibliometría y cienciometría o el análisis de mapas científicos (Moral-Muñoz et al., 2020). Este proyecto de innovación docente se centró en la herramienta de filtrado y análisis de información bibliométrica. En concreto, en la herramienta de mapeo científico denominada SciMAT y desarrollada por investigadores de la Universidad de Granada (Cobo et al., 2012). La bibliometría consiste en el uso de métodos estadísticos para analizar los datos de las publicaciones bibliométricas, como artículos de revistas revisadas por pares, libros, actas de congresos, publicaciones periódicas, reseñas, informes y documentos relacionados (Zupic & Čater, 2014). Por tanto, el presente proyecto pretende iniciar al alumnado de grados en herramientas que les puedan ayudar a filtrar información y generar conocimiento para mejorar sus presentaciones y trabajos de clase. En concreto, el alumnado podrá aplicar la bibliometría y extraer información de las principales bases de datos científicas.

Las técnicas de análisis de datos en general y la bibliometría en particular se están desarrollando de manera importante, pero estas herramientas no están siendo difundidas entre el alumnado, que vería muy enriquecidos sus trabajos y presentaciones si aplicaran las mismas (más teniendo en cuenta que son nativos digitales en la era de la inteligencia artificial). Hasta donde sabemos, este proyecto sería el segundo que aplicaría la bibliometría a la enseñanza en grados en la Universidad Pablo de Olavide y sería el primero en aplicar la bibliometría a las actividades y presentaciones ordinarias del alumnado (más allá de los trabajos de fin de grado y fin de máster). Este proyecto se ha implantado en estudios de Grado y Máster en diversas asignaturas de área de Organización de Empresas, incluidos desarrollos de Trabajos de Fin de Grado y Máster en el área de Recursos Humanos.

A continuación, se explicará qué se entiende por bibliometría y por mapeo de la ciencia, se explicará la metodología seguida para implementar esta innovación docente en las aulas, principales resultados e implicaciones prácticas.

2. BIBLIOMETRÍA Y MAPEO DE LA CIENCIA

La bibliometría es una disciplina que utiliza técnicas estadísticas y matemáticas para analizar y evaluar la producción científica (Garfield, 1955). Se centra en el cálculo y análisis de aspectos cuantificables de la producción y el consumo de información científica, permitiendo identificar tendencias de investigación, evaluar el impacto de publicaciones y medir la productividad de investigadores e instituciones (Diodato, 1994).

Por otro lado, el mapeo de la ciencia, también conocido como mapas bibliométricos o mapas de la ciencia, es una herramienta visual que representa gráficamente las relaciones entre diferentes elementos del mundo académico

(Small, 1999). De acuerdo con este autor, estos mapas muestran las conexiones entre autores, artículos, instituciones y temas de investigación, permitiendo visualizar estructuras sociales y cognitivas en el ámbito científico. Los mapas de la ciencia ofrecen una representación en diversas dimensiones de un campo científico, proporcionando un panorama visual de las relaciones y tendencias en la investigación (Cobo et al., 2012). Según indican estos autores, tanto la bibliometría como el mapeo de la ciencia son herramientas valiosas para analizar grandes volúmenes de información publicada, identificar patrones de colaboración, y comprender la evolución y el estado actual de diferentes campos de estudio.

Los estudios bibliométricos realizados mediante el mapeo de la ciencia ofrecen análisis profundos, destacan la estructura intelectual y detectan temas relevantes (Cobo et al., 2011a). Se seleccionó SciMAT, como herramienta para que los estudiantes realizarán el análisis bibliométrico, ya que proporciona la mayoría de las ventajas de las técnicas actuales de software de mapeo de la ciencia y porque se basa en un método robusto y concreto fundamentado en redes bibliográficas e indicadores bibliométricos (Cobo et al., 2011b). Según Cobo et al. (2012), SciMAT permite a los usuarios visualizar mapas mediante análisis de co-palabras con una perspectiva longitudinal que proporciona información sobre los temas de investigación en una disciplina de estudio, así como realizar un seguimiento de la evolución del trabajo científico a lo largo de diferentes períodos. Proporciona diferentes gráficos como diagramas estratégicos, mapas de evolución y clústeres, que permiten visualizar la disciplina a estudiar. Además, se pueden obtener también indicadores bibliométricos, como autores, países o entidades más prolíficos, publicaciones más citadas e incluso métricas de calidad de los resultados como el h-index. Estos resultados permiten adentrar al estudiantado en competencias relacionadas con la capacidad analítica o la capacidad digital y aplicar estas competencias al contenido que desean estudiar, incrementando sustancialmente la calidad de sus trabajos.

3. METODOLOGÍA

Como se ha indicado anteriormente este proyecto pretende iniciar al alumnado de grados en herramientas que les puedan ayudar a filtrar información y generar conocimiento para mejorar sus presentaciones y trabajos de clase. En concreto, el alumnado podrá aplicar la bibliometría y extraer información de las principales bases de datos científicas. A continuación, se enumeran los distintos objetivos[1]:

---

1 Si bien este proyecto de innovación docente se ha aplicado en esta ocasión a la asignatura de Economía de las Organizaciones, cabe señalar que se puede extrapolar a

Objetivo 1: Implantar en la asignatura de Economía de las Organizaciones tanto en el Grado de Análisis Económico (GANE) como en el Grado de Administración y Dirección de Empresas (GADE), la adopción de técnicas de análisis de datos bibliométricas para que el alumnado adquiera competencias básicas y transversales. Énfasis en las competencias instrumentales de análisis y búsqueda de información, síntesis y toma de decisiones.

Objetivo 2: Adaptar la asignatura de Economía de las Organizaciones tanto en GADE como en GANE a los retos y competencias que demandan las organizaciones del futuro.

Objetivo 3: Aumentar o mantener el número de alumnos/as matriculados/as para el curso siguiente en la asignatura optativa de Economía de las Organizaciones.

Objetivo 4: Disminuir el absentismo en la asignatura de Economía de las Organizaciones tanto en GADE como en GANE, haciéndola más atractiva al alumnado, incrementando su motivación y mejorando su actitud hacia los estudios

Objetivo 5: Preparar al profesorado de Economía de la Organizaciones para pasar de meros comunicadores/as a facilitadores/as del conocimiento

La asignatura de Economía de las Organizaciones es una asignatura optativa de 6 créditos que se imparte durante el primer semestre en la Facultad de Empresariales, en el cuarto curso de la titulación del Grado en Administración y Dirección de Empresas (GADE) y durante el segundo semestre en el tercer curso del Grado de Análisis Económico (GANE). Es una asignatura del tipo C1 (50% Enseñanzas Básicas o EB y 50% Enseñanzas Prácticas y de Desarrollo o EPDs). Además, se seguirá usando la bibliometría para enriquecer los marcos teóricos de los Trabajos de Fin de Grado (TFGs) y Trabajos de Fin de Máster (TFMs) del alumnado al que dirigimos, como parte de un proyecto de innovación docente anterior. De esta manera, se abarcan diversos tipos de trabajos y entregables que tienen que realizar los estudiantes de grado e incluso máster.

La asignatura de Economía de las Organizaciones en el Grado de Análisis Económico y en el Grado de Administración y Dirección de Empresas consta de 5 temas, repartidos a lo largo de 14 sesiones, 7 para EB y 7 para EPDs. Normalmente, 1 semana tiene EB y actividades cooperativas en el aula (trabajo

cualquier asignatura del área de Organización de Empresas y Marketing que tenga entre sus entregables para evaluar, trabajos a desarrollar por el alumnado. Además, esta iniciativa docente ya se ha llevado a cabo con los Trabajos de Fin de Grado y Trabajos de Fin de Máster de las asignaturas relacionadas con la Dirección de Recursos Humanos y Dirección Estratégica, en un proyecto de innovación docente anterior a este.

cooperativo, kahoots, role play, dossier de prensa etc.) y 1 semana tienen EPDs de forma alternada, de esta manera pueden preparar las actividades prácticas en la semana que solo tienen EBs. La actividad que se propone en concreto se ha llevado a cabo para el tema 5 de la asignatura (o temas relacionados con el contenido de la asignatura) una vez que el estudiante haya adquirido una madurez suficiente sobre el área de conocimiento.

La asignatura de Economía de las Organizaciones tanto en el Grado de Análisis Económico como en el Grado de Administración y Dirección de Empresas es eminentemente teórica, es decir, trata de explicar el funcionamiento de las organizaciones desde el punto de vista de la teoría económica. Dado el componente teórico tan significativo en esta asignatura, las técnicas de análisis de datos están altamente indicadas para extraer toda la base de conocimiento en esta área.

La metodología que se empleó, así como las actividades desarrolladas han sido las siguientes:

- Entre el profesorado

(TP) Taller de iniciación sobre bibliometría y análisis de mapeo científico para el profesorado

Se impartió un taller sobre bibliometría y la herramienta SciMAT por parte de la profesora coordinadora del presente proyecto de innovación docente al resto de profesorado de la asignatura

(V) Se distribuyó entre el profesorado un vídeo de una hora aproximadamente donde se explicaban aspectos relativos a la bibliometría y al mapeo científico.

(B) Se distribuyó entre el profesorado la presentación y bibliografía adicional para mejorar conocimientos sobre las herramientas bibliométricas.

Las actividades diseñadas para el profesorado se impartieron antes del inicio de curso, para que el docente tuviese una idea clara de las actividades que debía desarrollar el alumnado.

- Entre el alumnado

(TA) Taller de iniciación sobre bibliometría y análisis de mapeo científico para el alumnado

Se impartió un taller sobre bibliometría y la herramienta SciMAT por parte del profesorado del presente proyecto de innovación docente al alumnado en la primera sesión del curso.

(V) Se distribuyó entre el alumnado un vídeo de una hora aproximadamente donde se explicaban aspectos relativos a la bibliometría y al mapeo científico (en la primera sesión del curso).

El taller de iniciación sobre bibliometría y análisis de mapeo científico para el alumnado se impartió en la primera sesión de la asignatura, para que el estudiante tuviese una idea clara de las actividades a desarrollar en la última sesión donde se evaluaría su trabajo usando técnicas bibliométricas, donde debían preparar un informe, así como una presentación con los principales hallazgos. Dicho informe y presentación además de exponerse en clases, se subió al aula virtual. Además, en cada sesión práctica (EPD) que tenía una duración de 3 horas, se reservaron 45 min. para tutorizar (T) y guiar al alumnado sobre las posibles dudas que tuviesen en la preparación de las presentaciones y en el análisis de datos utilizando técnicas bibliométricas. De esta manera, pudieron disponer de tres horas de tutorías para ampliar conocimiento sobre técnicas bibliométricas.

Esta experiencia concreta fue realizada en dos asignaturas de Grado, pero para realizar TFG y TFM también se ha llevado a cabo formación individual para el alumnado, donde se ha valorado luego la calidad de los marcos teóricos elaborados.

Para llevar a cabo una correcta evaluación del aprendizaje se ha realizó una evaluación (E1) centrada en el alcance de los objetivos específicos que sumarán un total de 10 puntos calculados mediante la siguiente rúbrica (en línea con el proyecto de innovación docente sobre bibliometría anteriormente citado):

Cuadro 1: Rúbrica para la evaluación del alcance de los objetivos específicos del proyecto de innovación docente propuestos

Objetivo	Alcance/puntuación		
	Muy adecuado	Adecuado	No adecuado
Conocimiento sobre los/las autores/as, instituciones, países (y redes de colaboración) más prolíficos/as en la producción científica de un área de conocimiento.	2.5	1.25	0
Conocimiento sobre las revistas científicas con mayor productividad y las que son de mayor prestigio en un área de investigación determinada.	1	0.5	0
Identificación de las tendencias globales actuales y la evolución en el tiempo de un área de conocimiento, así como los vacíos en el conocimiento.	6.5	3.25	0

De esta manera, la actividad de presentación de un trabajo apoyado con herramientas bibliométricas tenía una rúbrica clara. Los estudiantes conocían desde la primera sesión que en dicha actividad se les iba a valorar: 1) Conocimiento sobre los/las autores/as, instituciones, países (y redes de colaboración) más prolíficos/as en la producción científica de un área de conocimiento; 2) Conocimiento sobre las revistas científicas con mayor productividad y las que son de mayor prestigio en un área de investigación determinada; 3) Identificación de las tendencias globales actuales y la evolución en el tiempo de un área de conocimiento, así como los vacíos en el conocimiento.

4. RESULTADOS

En línea con el primer objetivo relativo a la adquisición de competencias por parte del alumnado, se han fomentado competencias como las instrumentales de análisis y búsqueda de información, síntesis y toma de decisiones. Así, los estudiantes han indicado que:

> "Lo que más me ha gustado es el buscar por nosotros mismos información sobre un tema en concreto"
> "Me ha gustado trabajar con datos, dado que creo que es útil de cara al futuro el saber cómo trabajar e interpretarlos a gran escala".
> "Lo que más me ha gustado es la posibilidad que tenemos con una aplicación de llegar a poder analizar tantos datos"
> "Nos ha permitido observar cómo han evolucionado las investigaciones sobre diversos temas y conceptos en el mundo académico".
> "Poder aprender a filtrar textos más citados"

En cuanto al objetivo 2 sobre competencias en línea con los retos de las organizaciones del futuro, los estudiantes consideran que las competencias adquiridas van en línea con los retos de las organizaciones del futuro y ven útil la utilización de herramientas de análisis de datos a nivel no solo académico, sino también profesional. Además, el alumnado se ha mostrado en todo momento atraído y participativo hacia las actividades. 14 estudiantes en GADE y 19 en GANE participaron y asistieron activamente a las clases. Así, los estudiantes han indicado que:

> "Me ha gustado trabajar con datos, dado que creo que es útil de cara al futuro el saber cómo trabajar e interpretarlos a gran escala".
> "La utilización de un nuevo programa como es el SciMAT, siendo una herramienta bastante interesante y con diversas aplicaciones tanto académicas como profesionales".
> "Pues he aprendido sobre todo cultura general sobre muchos temas interesantes que pueden ser útiles para futuros trabajos, para otras asignaturas…".
> "Manejar una nueva herramienta de obtención de datos, que puede ser muy útil para mis próximos proyectos académicos, e incluso para el futuro laboral".
> "El trabajo en equipo con mis compañeros siempre es satisfactorio además tratar un tema tan interesante como nos pareció la guerra fría hizo que no se nos hiciera pesado".

"Si será de utilidad ya que se puede aplicar en el mundo laboral a la hora de querer estudiar y obtener un análisis del tema que queramos o para el trabajo de fin de grado por ejemplo".

En lo que respecta al objetivo 3 sobre aumentar el número de matriculados en la asignatura optativa de Economía de las Organizaciones, en GADE en el curso 2022-23 había 16 alumnos matriculados y en GANE, había 20 matriculados. En los cursos 2023-24 y 24-25, en la asignatura en GADE había 22 alumnos matriculados cada año. Por lo tanto, se puede afirmar que el número de matriculados ha ido aumentando. Este dato es interesante, ya que, al ser asignaturas optativas, el alumnado puede decidir ir a otras asignaturas. Por tanto, se ve una clara tendencia al mantenimiento en el número de estudiantes.

Con respecto al objetivo cuarto sobre reducir el absentismo en la asignatura de Economía de las Organizaciones. Cabe indicar que el alumnado asiste regularmente a las clases. En concreto en la asignatura de Economía de las Organizaciones en GADE, de los 16 alumnos matriculados, 14 alumnos asistían regularmente a clases y tan solo 2 alumnos por motivos laborales, no asistían a clases. En GANE, había 19 de 20 alumnos que asistían regularmente a las clases. Los estudiantes encontraron muy útil y se mostraron muy interesados en la utilización de herramientas bibliométricas para mejorar sus trabajos de la asignatura.

En lo que se refiere al objetivo 5, sobre formar al profesorado en competencias bibliométricas, cabe indicar que el profesorado de la asignatura se ha formado con un taller inicial, así como material multimedia para poder impartir las sesiones tutoriales sobre la herramienta bibliométrica. De esta manera, el profesorado de la asignatura pudo formar a los estudiantes para que pudieran elaborar sus trabajos, pero también el profesorado de la asignatura ha considerado que esta herramienta podrá usarla en sus posteriores trabajos, para mejorar contenido de los temas de las asignaturas, así como futuras investigaciones.

Además, el profesorado considera que las herramientas bibliométricas pueden ayudar al alumnado no solo con sus trabajos de clase, sino también con sus futuros TFGs: "Creo que les puede ayudar a la hora de filtrar mejor la información que están buscando y para los TFGs casi que debería ser obligatorio". Aunque el proyecto de innovación docente tenía una duración de un curso académico el profesorado ha seguido usando esta metodología en los siguientes cursos. Por último, a raíz de la presentación de este proyecto de innovación docente en las V Jornadas de Innovación Docente del Departamento de Organización de Empresas y Marketing, el profesorado allí presente coincidió en indicar que esta herramienta debería ser impartida en alguna sesión del máster para aportar más competencias al alumnado a la hora de mejorar sus Trabajos de Fin de Máster.

Pese al logro de todos los objetivos propuestos para el presente proyecto de innovación docente y los aspectos positivos denotados por el alumnado, los estudiantes también encontraron algunos problemas al usar esta metodología, en concreto encontraban en ocasiones el programa un poco tedioso de usar como, por ejemplo, cuando afirman:

> "En cierta medida la complejidad de ciertas herramientas dentro del programa".
> "Lo que menos me ha gustado ha sido la dificultad y el tiempo que lleva el llegar hasta las gráficas finales, ya que al verlo por primera vez me ha resultado más complicado entender los procedimientos".
> "El programa es difícil de utilizar, parece de primeras simple, pero es muy trabajoso".
> "Lo que menos me ha gustado ha sido que el análisis de datos se hace un poco pesado, pero eso no se puede evitar por lo tanto no hay nada negativo".
> "Lo tedioso de realizar el proceso y la obtención de datos junto a su procesamiento es lento".

También, mostraron algún problema, no tanto con la herramienta bibliométrica en sí, sino con tener que trabajar en equipo:

Finalmente, para evaluar los resultados de este proyecto se valoraron las calificaciones de los estudiantes (en el caso de GADE para el total de 16 alumnos de GADE en la convocatoria de febrero del curso 2022-23 han sido: 1 MH, 4 sobresalientes, 8 notables, 2 aprobados y 1 suspenso; en el caso de GANE: 1 sobresaliente, 11 notables, 3 aprobados, 4 suspensos), así como la asistencia y participación a las clases, observando que el trabajo participativo y tutorizado por el profesorado presenta buenos resultados entre el alumnado y menor absentismo. Con respecto a los estudiantes de TFG y TFM, los marcos teóricos de sus trabajos se enriquecieron claramente, e incluso los resultados académicos avalan el uso de técnicas bibliométricas para enriquecer los marcos teóricos. Así mismo, se realizó una reunión final entre el profesorado para conocer la experiencia práctica, así como los pros y contras. A su vez, los estudiantes respondieron un cuestionario abierto sobre su experiencia.

5. CONCLUSIONES

Este proyecto de innovación docente pretende diseminar de manera transversal el análisis bibliométrico entre las distintas asignaturas de la Universidad Pablo de Olavide. Poder asumir los contenidos académicos desde la perspectiva rigurosa y científica que aporta la bibliometría es una ventaja añadida a la docencia tradicional. Así mismo, la profundización en técnicas de análisis de datos es un beneficio que se puede aplicar en todas las asignaturas de esta universidad, así como luego extrapolarlo a sus futuras profesiones.

Además, la profundización de la literatura científica no solo es materia de Máster o doctorado, sino que también debe aplicarse a los trabajos regulares de los Grados como muestra este proyecto de innovación docente. El análisis de datos permite mejorar muchas competencias así, por ejemplo, la capacidad de análisis va a permitir al alumnado apoyar mejor sus decisiones en cualquier ámbito. Por tanto, esta metodología pretende ser una vía para obtener una serie de competencias y capacidades muy demandadas en las organizaciones del futuro, ya enumeradas en la introducción. No menos importante es considerar que, ante la proliferación de la inteligencia artificial generativa y la irrupción tan fuerte que está teniendo su uso entre el estudiantado, realizar este tipo de proyectos de innovación docente con una rúbrica tan clara y que les obliga a usar el software bibliométrico concreto y presentar determinados gráficos e indicadores, demanda por parte del estudiante que realmente ejecuten este software y entiendan los resultados del mismo.

Este proyecto de innovación docente ha tenido su continuidad en la asignatura optativa de Economía de las Organizaciones de GADE y GANE en los cursos posteriores 2023-24, 2024-25. Esta iniciativa docente se puede llevar a cabo en otras asignaturas universitarias, que requieran la presentación de trabajos con citas, tan solo se deberían programar al menos tres sesiones con el alumnado de 30 minutos a lo largo del curso (además, de compartir el tutorial y diapositivas), para poder guiar al alumnado sobre el uso de la herramienta bibliométrica. Así mismo, se recomienda una sesión de 1 hora con el profesorado que vaya a implementarlo, siendo muy valorable que el profesorado tenga experiencia previa con herramientas bibliométricas.

Por último, a raíz de la presentación de este proyecto de innovación docente en las V Jornadas de Innovación Docente del Departamento de Organización de Empresas y Marketing en el año 2023, el profesorado mostró interés en que esta herramienta fuera impartida en alguna sesión del máster para aportar más competencias al alumnado a la hora de mejorar sus Trabajos de Fin de Máster.

BIBLIOGRAFÍA

Cobo, M. J., López-Herrera, A. G., Herrera-Viedma, E., & Herrera, F. (2011a). Science mapping software tools: Review, analysis, and cooperative study among tools. *Journal of the American Society for Information Science and Technology*, *62*(7), 1382–1402. https://doi.org/10.1002/asi.21525

Cobo, M. J., López-Herrera, A. G., Herrera-Viedma, E., & Herrera, F. (2011b). An approach for detecting, quantifying, and visualizing the evolution of a research field: A practical application to the Fuzzy Sets Theory field. *Journal of Informetrics*, *5*(1), 146–166. https://doi.org/10.1016/j.joi.2010.10.002

Cobo, M. J., López-Herrera, A. g., Herrera-Viedma, E., & Herrera, F. (2012). SciMAT: A new science mapping analysis software tool. *Journal of the American Society for Information Science and Technology, 63*(8), 1609–1630. https://doi.org/10.1002/asi.22688

Diodato, V. (1994). *Dictionary of Bibliometrics.* Haworth Press, Inc.

Garfield, E. (1955). Citation Indexes for Science. *Science, 122*(3159), 108–111. https://doi.org/10.1126/science.122.3159.108

Harris, R. (2017). *More data will be created in 2017 than the previous 5,000 years of humanity.* App Developer Magazine. https://appdevelopermagazine.com/more-data-will-be-created-in-2017-than-the-previous-5,000-years-of-humanity-/

Moral-Muñoz, J. A., Herrera-Viedma, E., Santisteban-Espejo, A., & Cobo, M. J. (2020). Software tools for conducting bibliometric analysis in science: An up-to-date review. *Profesional de La Información, 29*(1), Article 1. https://doi.org/10.3145/epi.2020.ene.03

Small, H. (1999). Visualizing science by citation mapping. *Journal of the American Society for Information Science, 50*(9), 799–813. https://doi.org/10.1002/(SICI)1097-4571(1999)50:9<799::AID-ASI9>3.0.CO;2-G

Zupic, I., &⊠ater, T. (2014). Bibliometric Methods in Management and Organization: *Organizational Research Methods, 18*(3), 429–472. https://doi.org/10.1177/1094428114562629

BIOGRAFÍA ABREVIADA DE LOS AUTORES

MÓNICA SANTANA. Es Profesora Titular en el Departamento de Dirección de Empresas y Marketing de la Universidad Pablo de Olavide. Su investigación se centra en el Futuro del Trabajo, la Gestión Sostenible de Recursos Humanos, los Trabajadores Vulnerables y las estrategias y prácticas de RRHH en contextos de crisis. Tiene amplia experiencia en técnicas bibliométricas. Sus investigaciones han sido publicadas en revistas prestigiosas como European Management Journal y The International Journal of Human Resource Management. También es autora del libro "New Directions in the Future of Work". Su trayectoria profesional incluye experiencia en el sector financiero global con The Bank of New York-Mellon en Bélgica, una década como asesora ejecutiva en la Administración Pública en España, y más de 15 años de docencia e investigación en la Universidad Pablo de Olavide. Aporta una extensa experiencia profesional de los sectores público y privado a su trabajo académico.

SANTIAGO KOPOBORU AGUADO. Obtuvo su doctorado en 2016 en la Universidad Pablo de Olavide, Sevilla, España, con la tesis titulada 'Intelocks in Large Spanish Firms: a Descriptive Analysis". Desde 2018, es profesor asociado en el Departamento de Organización de Empresas y Marketing de la misma institución, donde imparte diversas asignaturas. Su investigación se centra en gobierno corporativo, internacionalización y sostenibilidad, y ha sido publicada en prestigiosas revistas académicas, como Family Business Review, colaborando con reconocidos expertos en su campo.

Capítulo 8

Elaboración de podcast en asignaturas de RR.HH.

IRENE CAMPOS GARCÍA
(Universidad Rey Juan Carlos)

EVA PELECHANO BARAHONA
(Universidad Rey Juan Carlos)

MARÍA CARMEN DE LA CALLE DURÁN
(Universidad Rey Juan Carlos)

EVA MARÍA MORA VALENTÍN
(Universidad Rey Juan Carlos)

Resumen

Este capítulo muestra los resultados de un Proyecto de Innovación Docente llevado a cabo en la Facultad de Ciencias de la Economía y de la Empresa de la Universidad Rey Juan Carlos durante el curso académico 2024-2025. Implantado en asignaturas de recursos humanos, y habiendo implicado a 125 alumnos procedentes de cuatro titulaciones diferentes, el proyecto ha perseguido, mediante la elaboración de *podcast* por parte del alumnado, favorecer actividades de investigación y debate sobre tendencias y necesidades en la gestión de personas y contribuir a la colaboración con profesionales de dicho ámbito. Los resultados han revelado un impacto significativo sobre el aprendizaje y la motivación del alumnado, con un incremento de los niveles competenciales en lo que a trabajo en equipo, habilidades interpersonales y creatividad se refiere.

1. INTRODUCCIÓN

El término *podcast* fue utilizado por primera vez en el año 2004 por el periodista Ben Hammersley para referirse a una variante de los blogs surgidos en la década de los 90 pero utilizando fuentes sonoras en vez de escritas. Desde entonces, su uso se ha generalizado y en 2024 se registraron alrededor de 460 millones de oyentes a nivel mundial y 7 millones en España (Statista, 2025). La Generación Z destaca como la protagonista de la creciente tendencia, ya que los jóvenes, con edades comprendidas entre 16 y 24 años, son los usuarios más activos y los que acumulan más horas de escucha (NielsenIQ, 2023).

En el ámbito universitario, el *podcast* se presenta como una herramienta con gran impacto y universidades como Columbia University, Duke University, Georgetown University, Harvard University, University of Warwick, Cambridge University y Oxford University, entre otras, han sido pioneras en su uso como complemento a la docencia. En el contexto español, Terol-Bolinches *et al.* (2021) han subrayado como ventajas del *podcast* educativo o *educasting* en la docencia universitaria el aprendizaje colaborativo y la mayor implicación del estudiante en su autoaprendizaje y trabajo personal. Gil Puente y Ortega Quevedo (2021) han sugerido que elaborar *podcast* puede contribuir a potenciar la creatividad, fomentar la competencia digital y el uso de las nuevas tecnologías, desarrollar el pensamiento crítico y tener en cuenta los aspectos éticos de los recursos tecnológicos utilizados. Otros trabajos se han centrado en dar a conocer algunas experiencias previas que demuestran la eficacia del *podcast* en diferentes asignaturas y titulaciones que se imparten en la universidad.

Por ejemplo, Piñeiro-Otero y Costa Sánchez (2011) han analizado el grado de proactividad de los estudiantes de Comunicación Audiovisual en Galicia con el uso de *podcast*. El trabajo de Ramos García y Caurcel Caranuestro (2011) muestra cómo utilizar esta herramienta para facilitar la enseñanza de lengua extranjera en la Universidad de Granada. Ballester Pastor *et al.* (2013) han desarrollado una metodología para elaborar *podcast* por parte del docente y utilizarlos en la docencia de Derecho del Trabajo y de la Seguridad Social en la Universitat Jaume I. Por su parte, López Rubia (2017) ha descrito su experiencia en la Universidad del País Vasco al utilizar el *podcast* como método de aprendizaje autónomo en el área de Derecho del Trabajo y de la Seguridad Social. Gil Puente y Ortega Quevedo (2021) también han puesto de relieve una experiencia sobre el uso de *podcast* para la enseñanza de la asignatura Didáctica de las Ciencias Experimentales en la Universidad de Valladolid. Finalmente, Díaz Bretones (2022) describe una experiencia en la que el *podcast* se utiliza para implementar actividades basadas en el aula invertida en la asignatura de Políticas de Gestión de Recursos Humanos en la Universidad de Granada.

En general, se observa que la mayoría de los trabajos proponen experiencias donde el profesor es el que utiliza o elabora *podcast* y son menos las iniciativas que contemplan su creación por parte de alumnos (véase, por ejemplo, Ramos García y Caurcel Caranuestro (2011) y Gil Puente y Ortega Quevedo (2021)). Con estos antecedentes, un equipo de docentes de la Universidad Rey Juan Carlos ha ideado un proyecto para ser implantado en asignaturas de dirección de recursos humanos en el curso 2024-2025. Mediante la elaboración de *podcast* por parte del alumnado, el proyecto persigue, por un lado, favorecer actividades de investigación y debate sobre tendencias y necesidades actuales y futuras en la gestión de personas y, por otro lado, la colaboración con profesionales de dicho ámbito. De esta forma, se ha pretendido fomentar el vínculo universidad-empresa para así acercar la realidad empresarial a los alumnos y, además, contribuir a mejorar sus niveles competenciales.

2. METODOLOGÍA

El proyecto ha sido implantado para cuantificar la eficacia de la elaboración de *podcast* por parte de los alumnos en varias asignaturas de recursos humanos. Previo a su puesta en marcha, las docentes responsables del proyecto se formaron en esta herramienta participando, en abril de 2024, en el curso 'Elaboración y uso de podcast en la docencia universitaria', impartido en el marco del Plan de Formación Permanente del PDI de la Universidad Rey Juan Carlos. Esta formación fue útil para aprender a planificar la creación de un *podcast* educativo, conocer los diferentes formatos y técnicas narrativas sonoras, realizar la guionización y producción de un capítulo y difundir los contenidos en agregadores sonoros.

A principios del curso 2024-2025, se definieron los objetivos, las fases y las tareas a realizar por parte de los estudiantes. El proyecto dio comienzo, en el primer cuatrimestre, en dos grupos pertenecientes al Grado en Marketing (impartidos en el Campus de Madrid-Vicálvaro y en el Campus de Fuenlabrada, respectivamente) y fue replicado, en el segundo cuatrimestre, en el Doble Grado en Turismo y Administración y Dirección de Empresas (Campus de Fuenlabrada) y en el Grado en Ciencia, Gestión e Ingeniería de Servicios (Campus de Madrid-Vicálvaro). A todos los grupos se les comunicó la finalidad y beneficios de la iniciativa, así como su inclusión como actividad práctica de evaluación de la asignatura.

También al comienzo de ambos cuatrimestres se llevó a cabo un encuentro del equipo docente y alumnado implicado con directivos y profesionales de recursos humanos para identificar y discutir acerca de las necesidades y preocupaciones actuales y futuras de empresas y empleados. Específicamente, se discutió sobre tendencias actuales en cuanto a la búsqueda y selección de empleados con inteligencia artificial, escasez de talento y nuevas competencias laborales, tendencias formativas, gestión de carreras, liderazgo, experiencia del empleado, digitalización y automatización de procesos en la gestión de recursos humanos, rediseño de puestos de trabajo, *onboarding, quiet quitting,* trabajo en remoto y clima organizacional. Muchas de estas tendencias se recogen en informes recientes como, por ejemplo, *2024 Global Workforce Trends: Discover the emerging developments shaping the world of work this year* (Globalization Partners, 2024), *Tendencias de RRHH 2024* (Randstad Research, 2024), *Ten-*

dencias de RRHH: Déficil de talento y adopción de IA (CEOE, 2024), *Tendencias de RRHH/L&D 2024: Navegando en un entorno de trabajo de altas expectativas* (Blanchard, 2024) o *Tendencias de Capital Humano 2024* (Deloitte, 2024).

A continuación, se distribuyeron y comentaron los posibles temas entre los estudiantes, quienes, constituidos en equipos de trabajo y con la ayuda de guías y materiales elaborados por el profesorado para tal fin, dieron comienzo a las actividades de investigación del tema elegido a lo largo de seis semanas. Para llevar a cabo la investigación, los alumnos hicieron uso de los recursos electrónicos y bases de datos que la Universidad Rey Juan Carlos pone a su disposición a través de su biblioteca. Además de los trabajos académicos recopilados a través de bases de datos como Ebsco, Science Direct, Scopus o Wos, y portales como Dialnet o Google Scholar, también se consultaron otras fuentes e información relevante procedente de consultoras especializadas (por ejemplo, Adecco, Hays, HumanSelection, Michael Page, Robert Walters, entre otras).

En una segunda fase, tras la revisión del trabajo de investigación aportado por los alumnos, el equipo docente facilitó un conjunto de *podcast* educativos que sirvieron de ejemplos para la posterior elaboración de las escaletas básicas y guiones de los *podcast*[1]. Durante dos semanas se supervisaron las mejoras de los guiones y la grabación[2] de los *podcast*.

En una tercera y última fase, todos los *podcast* elaborados fueron publicados al final del cuatrimestre en un repositorio institucional y distribuidos a los profesionales participantes para beneficiarse también del conocimiento generado.

Finalmente, el equipo docente procedió a evaluar, cualitativa y cuantitativamente, la eficacia de la experiencia.

3. PRINCIPALES RESULTADOS

La actividad ha conseguido implicar a 125 alumnos procedentes de 4 grados, habiéndose elaborado un total de 32 *podcasts*. El tema y tipo de *podcast* elegido por los equipos ha sido variado, si bien han abundado los *podcast* informativos, grupales en formato conversacional o en formato entrevista con profesionales analizando o cuestionando el impacto de la inteligencia artifi-

1 El tipo de *podcast* (informativo, grupal en formato conversacional, de entrevista con empleados o directivos, etc.) quedó a elección de cada grupo.

2 Se pusieron a disposición de los alumnos herramientas de grabación y edición a través de *MyApps URJC* o recursos gratuitos online como *Fliki AI*.

cial en distintos procesos de gestión de recursos humanos, la automatización de tareas, las nuevas formas y estructuras de trabajo (*gig economy*, teletrabajo, auge de plataformas laborales digitales...), la experiencia de los empleados y el bienestar laboral, las políticas de diversidad e inclusión y la protección de trabajadores vulnerables, las disparidades salariales o la precariedad laboral.

Para valorar la satisfacción e impacto de esta iniciativa se ha diseñado un cuestionario en *Google Forms*, adaptando el 'Cuestionario de valoración de la utilidad de los *podcast* como herramienta de enseñanza-aprendizaje' propuesto por Ramos García y Caurcel Caranuestro (2011). Combinando respuestas abiertas y cerradas, el cuestionario se ha centrado en conocer la satisfacción de los alumnos con la actividad propuesta y, sobre todo, la utilidad para adquirir o perfeccionar competencias, el potencial de la tarea para favorecer el aprendizaje sobre cuestiones referidas a la dirección y gestión de recursos humanos y las principales dificultades a la hora de realizar el *podcast*.

En primer lugar, se preguntó acerca de la experiencia previa a la hora de elaborar un *podcast* y la motivación inicial para hacerlo. Los resultados indican que el 85% de los alumnos se han enfrentado por primera vez a una tarea de este tipo, valorando, de media, con un 6,94 (en una escala de 1 a 10) su motivación para ello. Si bien los alumnos en su mayoría no habían elaborado nunca un *podcast*, desde el primer momento les pareció una idea novedosa y muy retadora.

En segundo lugar, se realizaron distintas preguntas para cuantificar la satisfacción global tras la elaboración del *podcast*. Los alumnos han valorado muy positivamente la utilidad del encuentro con profesionales y directivos del área para debatir sobre necesidades y tendencias y la elección de los temas a desarrollar en formato *podcast* (3,91 en una escala de 1 a 5). Tener un contacto directo y muy cercano con profesionales les permitió no solo obtener ayuda para la realización de la actividad, sino conocer de primera mano la realidad empresarial e intercambiar puntos de vista. También han mostrado un alto nivel de satisfacción con la elaboración del *podcast*, superándose los 7 puntos (en una escala de 1 a 10) en más del 87% de los casos y obteniéndose una puntuación media de 8,04.

Elaboración podcast grupal										
1	2	3	4	5	6	7	8	9	10	Puntuación media
0%	0%	1,6%	0,8%	2,4%	8%	18,4%	31,2%	18,4%	19,2%	8,04

Tabla 1. Respuestas sobre el nivel satisfacción con la elaboración de un podcast grupal.

Seguidamente se preguntó en qué grado ambas tareas habían contribuido al aprendizaje en la materia de dirección y gestión de recursos humanos. El encuentro con directivos alcanzó, en una escala de 1 a 5, una puntuación media de 3,82. Respecto al grado de aprendizaje alcanzado tras la elaboración del *podcast*, el 65% señaló las puntuaciones más altas.

¿En qué grado la tarea de elaboración de podcast ha favorecido el aprendizaje de cuestiones vinculadas a la dirección y gestión de Recursos Humanos?					
1	2	3	4	5	Puntuación media
1,6%	4,8%	28%	41,6%	24%	3,82

Tabla 2. Respuestas sobre el nivel de aprendizaje.

En la Tabla 3 se recogen los resultados en cuanto a la mejora de las competencias que han sido adquiridas o perfeccionadas con la actividad. Como se comprueba, la respuesta 'mucho' acumula las mayores frecuencias en el caso de la capacidad de trabajo en equipo (40%) y la capacidad de coordinación del trabajo (35,2%). Otras competencias como las relacionadas con la organización, la generación de ideas, el liderazgo y otras habilidades interpersonales también han sido muy bien valoradas. Con esta iniciativa también se han mejorado las competencias digitales de los estudiantes tanto para la búsqueda de la información como para la grabación y edición posterior de los *podcast*. Esto cobra cada vez más relevancia en un contexto en el que las competencias digitales avanzadas son una condición previa para la participación en el mercado laboral y la sociedad.

Competencia	Grado de adquisición competencia			
	Nada	Poco	Bastante	Mucho
Capacidad de análisis y síntesis de la información	0,8%	20%	67,2%	12%
Capacidad para organizar y planificar el trabajo	0,8%	12%	55,2%	32%
Capacidad para generar nuevas ideas	0%	10,4%	56%	33,6%
Aprendizaje autónomo	3,2%	28%	51,2%	17,6%
Capacidad de coordinación del trabajo	0%	12%	52,8%	35,2%
Capacidad de liderazgo con el equipo	2,4%	20%	48,8%	28,8%
Habilidades interpersonales (ética, empatía, comunicación…) con el equipo	0%	16%	59,2%	24,8%
Capacidad de trabajo en equipo	0%	9,6%	50,4%	40%
Capacidades digitales	14,4%	26,4%	44%	15,2%

Tabla 3. Respuestas sobre la adquisición o mejora de competencias.

Por su parte, la Tabla 4 muestra los aspectos que han podido dificultar la actividad. Puede observarse que la falta de experiencia en una tarea de este tipo es el obstáculo que más acusan (52%), seguido de las dificultades técnicas de grabación y edición del *podcast* (36,8%). Apenas se han producido problemas relacionados con los conflictos (5,6%) debido a que propios alumnos tienen total libertad para elegir a los compañeros del equipo de trabajo. Esta elección suele minimizar los inconvenientes que pueden surgir durante la realización de este tipo de tareas.

Dificultades de la tarea	
Tiempo dedicado a la actividad	27,2%
Conflictos entre los miembros del equipo	5,6%
Poca motivación ante la actividad	12,8%
Falta de experiencia en una tarea de este tipo	52%
División de tareas y cooperación con el equipo	18,4%
Dificultad para acceder a información y datos	6,4%
Organización del tiempo y cumplimiento de plazos de entrega	21,6%
Dificultades técnicas de grabación y edición	36,8%

Tabla 4. Respuestas sobre las principales dificultades.

En cuanto al tiempo en horas dedicado a la tarea, la Tabla 5 refleja que gran parte de los equipos (88,8%) destinaron menos de 10 horas, mientras que un 9,6% indicó haber dedicado entre 11 y 20 horas. Además, el 80,8% consideró que el tiempo empleado y requerido para la realización de la tarea había sido adecuado.

¿Cuánto tiempo se ha dedicado a la actividad?			
1-10 horas	11-20 horas	21-30 horas	Más de 31 horas
88,8%	9,6%	1,6%	0%

Tabla 5. Respuestas sobre el tiempo dedicado en la actividad.

Una última pregunta permitió conocer la opinión de los alumnos acerca de la tarea. Los comentarios recibidos han sido muy positivos, destacando que la iniciativa es interactiva, original y divertida.

4. CONCLUSIONES

Este trabajo muestra los resultados de un Proyecto de Innovación Docente llevado a cabo en la Facultad de Ciencias de la Economía y de la Empresa de la Universidad Rey Juan Carlos durante el curso académico 2024-2025. Encaminado a utilizar los *podcast* como recurso didáctico, el proyecto ha perseguido fomentar el aprendizaje significativo del alumnado mediante el contacto con profesionales del área de recursos humanos, actividades de investigación y elaboración de *podcast* de manera colaborativa para la adquisición y/o perfeccionamiento de distintas competencias.

Puesto que los jóvenes están muy acostumbrados a emplear y consumir nuevas tecnologías, se partió de la base de que los *podcast* podrían constituirse como un elemento positivo para la motivación e implicación en el aprendizaje. Los resultados obtenidos a través de un cuestionario apuntan en esa dirección. En resumen, el 65,6% han valorado con 4 y 5 puntos (en una escala de 1 a 5) la experiencia de aprendizaje derivada del encuentro con profesionales y directivos. Si bien al inicio de la asignatura la motivación para elaborar un *podcast* obtuvo, de media, 6,94 puntos (en una escala de 1 a 10), la satisfacción global final ha alcanzado 8,04 puntos. La actividad ha favorecido, sobre todo, las capacidades para trabajar en equipo y planificar el trabajo, las habilidades interpersonales y la generación de nuevas ideas. La falta de experiencia en este tipo de tareas y las dificultades técnicas de grabación y edición han encabezado el listado de aspectos más negativos. La actividad ha supuesto el 10% de la nota global de la asignatura y los *podcast* elaborados, de temática variada y, en general, con buena calidad respecto al contenido, han demostrado favorecer el aprendizaje y el interés de los estudiantes por la materia de recursos humanos.

El equipo docente también ha mostrado una alta satisfacción con esta iniciativa, al haber podido constatar, y tras haber trabajado con una fórmula similar en cursos académicos anteriores los casos prácticos, los dosieres de prensa y las infografías, que la elaboración de *podcast* ha sido una de las actividades más atractivas y motivadoras para el alumnado. Este hecho deriva en una mayor implicación para seguir explorando y trabajando con nuevos recursos didácticos.

Se subraya, por último, la alta satisfacción de los profesionales implicados con el proyecto, quienes también ponen de relieve el potencial de los *podcast* para la formación de las plantillas, al combinar flexibilidad con una experiencia de aprendizaje entretenida y práctica que consigue captar la atención y facilita la retención de conceptos clave.

Los resultados obtenidos sugieren varias contribuciones principales. En primer lugar, el uso de metodologías activas, en general, y la elaboración de *podcast*, en particular, ha demostrado tener un impacto significativo sobre el aprendizaje y la motivación del alumnado, entre otras, por su carácter novedoso y tecnológico. Esto cobra especial relevancia de una manera doble. Por un lado, en el marco del Espacio Europeo de Educación Superior (EEES), esta iniciativa centra su atención principalmente en las enseñanzas prácticas y otorga al alumno un papel activo en el proceso de aprendizaje. Por otro lado, aporta al ODS 4 (*Educación de calidad y promoción de oportunidades de aprendizaje*) y favorece los niveles de empleabilidad. En concreto, dado que el proyecto ha sido implantado en los últimos cursos, ha sido útil para perfeccionar las tareas de investigación de cara a la elaboración del Trabajo Fin de Grado y para potenciar muchas de las *soft skills* —comunicación, creatividad, competencias digitales, trabajo en equipo, proactividad, etc.— que son ampliamente demandadas por el mercado laboral al que se incorporarán de una manera muy inminente.

En segundo lugar, esta experiencia ha conllevado e implicado la formación, actualización y perfeccionamiento de distintas metodologías y competencias docentes, a la vez que ha favorecido la coordinación y cooperación del profesorado para lograr sinergias, intercambiar ideas y mejorar la labor docente. Ha contribuido, también, a ampliar el banco de recursos publicado en abierto que el profesorado implicado, junto a otros docentes, ha ido creando en los últimos cursos[3]. De esta manera, los *podcast* generados pueden servir para que profesores y alumnos puedan utilizarlos como recurso formativo en cualquier momento.

En último lugar, el proyecto fomenta el binomio universidad-empresa y el acercamiento de lo académico a lo profesional y viceversa, generando beneficios vinculados a la confianza, el compromiso y los objetivos compartidos entre ambas instituciones. De esta forma, el proyecto ha servido para seguir afianzando las relaciones con distintas empresas y profesionales con los que continuar trabajando en proyectos de innovación docente y de investigación relacionados con la gestión de personas.

El equipo docente implicado en esta iniciativa prevé replicar iniciativas similares en los próximos cursos con equipos de trabajo constituidos atendiendo al perfil competencial de cada alumno. El perfil competencial es una herramienta que permite identificar, a través de datos porcentuales, con qué competencias y habilidades profesionales y personales cuenta un individuo. Ello podría incrementar el rendimiento de los equipos al permitir distribuir más eficientemente funciones, responsabilidades y roles.

---

[3] Se trata de la web http://recursoshumanos.pearson.es/ vinculada al manual 'Fundamentos de recursos humanos' (De la Calle Durán y Ortiz de Urbina, 2018). Dispone de casos prácticos, aplicaciones, actividades didácticas, infografías, etc.

BIBLIOGRAFÍA

Ballester Pastor, I., Vicente Palacio, A., & Ruano Albertos, S. (2013). Los podcast aplicados a la docencia universitaria: Una experiencia en Derecho del Trabajo y de la Seguridad Social. *Revista Iberoamericana de Relaciones Laborales,* (29), 101-117.

Blanchard (2024). *Tendencias de RRHH/L&D 2024: Navegando en un entorno de trabajo de altas expectativas.* Disponible en: https://www.orgdch.org/wp-content/uploads/2024/01/2024-l-d-informe-tendencias.pdf

Bretones, F. D. (2022). El pódcast como herramienta pedagógica de aula invertida en la formación universitaria. En F. D Bretones y M.D. Huete (eds.). *Enfoques docentes para el aprendizaje de las Relaciones Laborales y Recursos Humanos en pandemia* (pp. 15-30). Valencia: Tirant lo Blanch.

CEOE (2024). *Tendencias de RRHH: Déficit de talento y adopción de IA.* Disponible en: https://www.ceoe.es/sites/ceoe-corporativo/files/content/file/2024/01/19/110/tendencias_rrhh_randstad_research_ceoe_2024.pdf

De la Calle Durán, M.C., & Ortiz de Urbina Criado, M. (2018). *Fundamentos de Recursos Humanos.* Pearson (3ª edición). Madrid.

Deloitte (2024). *Tendencias de Capital Humano 2024.* Disponible en: https://www.deloitte.com/es/es/issues/work/tendencias-capital-humano.html

Gil, C., & Ortega-Quevedo, V (2022). El uso de podcast como instrumento de evaluación sobre el aprendizaje en la enseñanza de las ciencias. *REIDOCREA,* 11(2), 14-27.

Globalization Partners (2024). *2024 Global Workforce Trends: Discover the emerging developments shaping the world of work this year.* Disponible en: https://www.globalization-partners.com/blog/2024-global-workforce-trends/?utm_keyword=&utm_device=c&utm_source=Adwords&utm_medium=cpc&utm_campaign=spain_search_dynamic__[en]&utm_content=dynamic&utm_term=&hsa_acc=1751945633&hsa_cam=15691480774&hsa_grp=129408308817&hsa_ad=653778137502&hsa_src=g&hsa_tgt=dsa-1456167871416&hsa_kw=&hsa_mt=&hsa_net=adwords&hsa_ver=3&gad_source=1&gclid=Cj0KCQiA-aK8BhCDARIsAL_-H9lRuZn4dKmfZVew_sop-bvi2cSviPISDUhoRGr_zxAYt7gFfuWlpaUaAqlbEALw_wcB

López Rubia, M. E. (2017). Los podcast como método de aprendizaje autónomo en el área de Derecho del Trabajo y de la Seguridad Social en la Universidad del País Vasco. *Lan Harremanak-Revista de Relaciones Laborales,* 37, 150-163.

NielsenIQ (2023). *El 60% de la población en España escucha podcasts y música en streaming cada mes.* Disponible en: https://nielseniq.com/global/es/news-center/2023/el-60-de-la-poblacion-en-espana-escucha-podcasts-y-musica-en-streaming-cada-mes/

Piñeiro-Otero, T., & Sánchez, C. C. (2011). Potencialidades del podcast como herramienta educativa para la docencia universitaria. *Etic@ net. Revista científica electrónica de Educación y Comunicación en la Sociedad del Conocimiento,* 11, 124-136.

Ramos García, A. M., & Caurcel Cara, M. J. (2011). Los podcast como herramienta de enseñanza-aprendizaje en la Universidad. *Profesorado. Revista de Currículum y Formación de Profesorado,* 15(1), 151-162.

Randstad Research (2024). *Tendencias de RRHH 2024.* Disponible en: https://www.randstadresearch.es/tendencias-de-rrhh/

STATISTA (2025). *La industria del podcast a nivel mundial: Datos estadísticos.* Disponible en: https://es.statista.com/temas/8618/la-industria-del-podcast-a-nivel-mundial/#topicOverview

Terol-Bolinches, R., Pedrero Esteban, L. M., & Alonso-López, N. (2021). Educasting: El pódcast como herramienta de expansión educativa universitaria. En M. Pallares Piquer, J. Gil-Quintana y A. Santisteban Espejo (coords.). *Docencia, ciencia y humanidades: Hacia una enseñanza integral en la universidad del siglo XXI* (pp. 274-293). Madrid: Dykinson S.L.

BIOGRAFÍA ABREVIADA DE LOS AUTORES

IRENE CAMPOS GARCÍA. Es Doctora en Organización de Empresas por la Universidad Rey Juan Carlos. Es Coordinadora Académica de la Oficina Universitaria de Mentoring y Codirectora del Máster en Gestión del Bienestar Social y Corporativo (URJC). Forma parte del Grupo Consolidado de Innovación Docente 'Fundamentos de Recursos Humanos' (URJC) y ha sido miembro e IP de varios proyectos de innovación educativa. Posee 2 tramos de DOCENTIA reconocidos, ambos con evaluación 'Excelente' y ha sido galardonada con el Primer Premio Profesores Innovadores 2022 (URJC). También ha sido nominada seis años como Mejor Profesora de Universidad de España (Premio ABANCA) y un año al Global Teacher Prize.

EVA PELECHANO BARAHONA. Es Doctora en Dirección y Organización de Empresas y profesora desde 2001 en el Departamento de Economía de la Empresa (Administración, Dirección y Organización) de la Universidad Rey Juan Carlos. La docencia de grado y master que imparte está vinculada con la Organización de Empresas, la Dirección Estratégica, los Recursos Humanos, la Innovación y la Creación de Empresas en distintas titulaciones. Forma parte del Grupo de Innovación Docente 'Fundamentos de Recursos Humanos' y ha participado en diversos proyectos de innovación educativa.

Mª CARMEN DE LA CALLE DURÁN. Es Doctora en Economía y Empresa por la Universidad de Cádiz y es docente e investigadora en la Universidad Rey Juan Carlos, donde ocupa el cargo de Directora Académica de Mentoring Institucional. Participa en diversos proyectos de investigación, difundiendo sus investigaciones vinculadas a la gestión del talento, en congresos nacionales e internacionales y en artículos de revistas de reconocido prestigio. Es autora del libro "Fundamentos de Recursos Humanos" (Editorial Pearson- 3ªED) y coordinadora del Grupo de Innovación Docente 'Fundamentos de Recursos Humanos'. Tiene 6 tramos de DOCENTIA reconocidos, los tres últimos con calificación Excelente y más de 50 recursos didácticos publicados de Recursos Humanos y de Dirección Estratégica.

EVA-MARÍA MORA VALENTÍN. Es Catedrática de Organización de Empresas de la Universidad Rey Juan Carlos. Es miembro del Grupo de Innovación Docente 'Fundamentos de Recursos Humanos'. Posee 6 tramos de DOCENTIA reconocidos, los tres últimos con calificación Excelente. Participa en varios programas de mentoring relacionados con la innovación docente. Ha publicado varios artículos de innovación docente en revistas como WPOM, EKS-Education in the Knowledge Society y Revista Aularia Digital. También ha participado en varios proyectos de innovación docente.

Capítulo 9

Prácticas de mindfulness y compasión en educación superior. Proyecto multidisciplinar y multicampus: la experiencia de la universidad de Cádiz.

CRISTINA SIERRA CASANOVA
(Departamento de organización de empresas; Universidad de Cádiz)

CRISTINA CASTRO YUSTE
(Departamento de enfermería y fisioterapia; Universidad de Cádiz)

CONCEPCIÓN CARNICER FUENTES
(Departamento de enfermería y fisioterapia; Universidad de Cádiz)

ENRIQUE GARCÍA LUQUE
(Departamento de química física; Universidad de Cádiz)

Mª CARMEN DE CASTRO CABRERA
(Departamento ingeniería informática; Universidad de Cádiz)

CARLOS RODRÍGUEZ CORDÓN
(Departamento de Ingeniería en Automática, Electrónica, Arquitectura y Redes de Computadores; Universidad de Cádiz)

CRISTINA JARDÓN
Serrano. Inner wisdom.

Resumen

El creciente reconocimiento del impacto del estrés y la presión académica en la población universitaria ha impulsado la exploración de intervenciones innovadoras para promover el bienestar y optimizar los procesos de enseñanza-aprendizaje. El *mindfulness,* como práctica de atención plena y consciente del momento presente, ha demostrado ser una herramienta valiosa en diversos contextos, incluyendo el ámbito educativo. El presente capítulo analiza los hallazgos del proyecto "MindfulActúa 2020" de la Universidad de Cádiz (UCA), detallando la fundamentación teórica, la implementación de diversas iniciativas de formación y la evaluación preliminar de su impacto en el profesorado y el alumnado. Se describen las acciones formativas desarrolladas y el protocolo implementado, y se discuten los resultados iniciales en términos de bienestar, clima de aula y potencial mejora del rendimiento académico. Finalmente, se proponen líneas futuras de investigación para profundizar en la optimización de la integración del *mindfulness* en el contexto de la educación superior.

1. INTRODUCCIÓN

En los últimos años, la práctica de la atención plena o *mindfulness* ha mostrado gran interés en diversos ámbitos, destacando su impacto positivo en la salud y el bienestar de los individuos y las comunidades, y la educación superior no es una excepción a esta tendencia (Maher, 2021).

El entorno universitario se caracteriza por una serie de demandas académicas, sociales y personales que pueden generar un considerable nivel de estrés en los estudiantes (González y Landero, 2007; Dvorakova et al., 2017). La adaptación a nuevas exigencias, la presión por el rendimiento académico, la incertidumbre sobre el futuro profesional y las dificultades en la gestión del tiempo y los recursos pueden contribuir a la aparición de angustia psicológica, cansancio emocional e incluso burnout (De Vibe et al., 2013; Moses et al., 2016). En este contexto, resulta fundamental explorar estrategias que ayuden a los estudiantes a desarrollar habilidades de afrontamiento efectivas, promover su bienestar psicológico y favorecer un adecuado proceso de enseñanza-aprendizaje (Viciana et al., 2018)

El *mindfulness* conduce a un estado de conciencia plena que invita a vivir el presente con curiosidad, aceptación, interés y sin juicio (Kabat-Zinn, 2003), lo que se traduce en una mejor capacidad de enfoque y calma.

Desde una perspectiva fisiológica, la práctica de *mindfulness* equilibra el sistema nervioso autónomo y promueve cambios en la neuroanatomía cerebral (Doll et al., 2016). Los beneficios de esta práctica en la salud mental han sido ampliamente documentados, demostrando mayor evidencia en el tratamiento de trastornos como el estrés, la ansiedad y la depresión (eg. Warnecke et al, 2011). La práctica del *mindfulness* también ha mostrado eficacia en el abordaje de aspectos emocionales vinculados a patologías crónicas tales como el cáncer, el dolor, así como, el bienestar psicológico en general (Davidson et al, 2003; Hempel et al., 2014).

También ha demostrado ser una herramienta valiosa en entornos académicos para mejorar el bienestar de estudiantes y profesores, así como, para optimizar los procesos de enseñanza y aprendizaje y el rendimiento académico (Black et al., 2009; Mendelson et al., 2010; Greenberg y Harris, 2012). En este sentido, se han impulsado recientemente proyectos tanto docentes como investigadores en diferentes universidades internacionales (García de Palau, 2024) y españolas (Delgado-Ríos, 2020; Tapia-Barcones et al., 2019; Bernárdez et al., 2020; Bernárdez et al., 2025) dando lugar a múltiples publicaciones, creando un cuerpo teórico con diversas corrientes y escuelas, con diferentes programas de formación y másteres universitarios especializados. Al integrar *mindfulness* en los programas educativos, las instituciones pueden crear entornos de aprendizaje más saludables y productivos.

En este contexto, iniciativas como el proyecto "MindfulActúa 2020" de la Universidad de Cádiz, se alinean con la creciente evidencia que respalda la integración del *mindfulness* como una herramienta para mejorar el bienestar psicológico, las competencias sociales y potencialmente el rendimiento académico del alumnado, así como, para prevenir la incidencia de estrés o *burnout* en el profesorado universitario.

2. CONCEPTO DE MINDFULNESS

Mindfulness es la capacidad de prestar atención a la experiencia que sucede en el momento presente, con una actitud de apertura y curiosidad. Al ser una capacidad existe la posibilidad de entrenarla y en eso se basa su práctica. Una definición clásica de mindfulness es la que nos ofrece Jon Kabat Zinn, profesor emérito del Medical Center de Massachusetts y pionero de mindfulness en occidente: "Mindfulness significa prestar atención a lo que emerge momento a momento de una manera especial: intencionadamente, en el momento presente y sin juzgar". La experiencia vivida durante la práctica de mindfulness puede describirse como un estado consciente que invita a vivir el presente de manera curiosa, sin prejuicios, con interés y aceptación (Kabat-Zinn, 2003).

Existen distintas técnicas o estrategias para llevar a cabo intervenciones educativas basadas en mindfulness, con distinta duración y metodología. Podemos diferenciar estrategias dirigidas a facilitar la adquisición de destrezas básicas, como la meditación consciente basada en la atención a la respiración, la relajación a través de la conciencia corporal o "body scan", o la práctica de la atención plena través del movimiento. Otras técnicas específicas profundizan en la conciencia y la aceptación de emociones y pensamientos; la práctica de la compasión, la autocompasión, la gratitud y la bondad amorosa. Esta práctica puede realizarse mediante sesiones formales, como la meditación consciente o el escaneo corporal, o de manera informal, en cualquier momento o situación durante la realización de actividades cotidianas. Esta variedad de enfoques nos permite adaptar las distintas opciones en los programas formativos y mejorar la aceptación de la práctica y su aplicación en la formación del estudiante y la vida diaria.

Diversos estudios de investigación y revisiones sistemáticas destacan que las intervenciones basadas en mindfulness benefician a estudiantes universitarios al reducir el estrés y la ansiedad, y mejorar el estado de ánimo, la atención plena, el bienestar, la autocompasión, la autoeficacia, la empatía y las habilidades de afrontamiento (Ahmad et al. 2020; Can Gür y Yilmaz, 2020; Cheli et al. 2020; Karaca y Sisman 2019; McConville, 2017; O,Driscoll, 2017; Van der Riet el at., 2018). Estas intervenciones incluyen, entre otras, programas de reducción de estrés de varias semanas de duración con técnicas de meditación, bodyscan, respiración consciente y atención en actividades cotidianas (Karaca y Sisman 2019), programas de terapia cognitiva (Ahmad et al. 2020), así como programas de terapia centrada en la compasión (Cheli et al, 2020). Por otro lado, tenemos otras experiencias basadas en enfoques innovadores que combinan intervenciones de mindfulness asociadas al ejercicio físico (Phang et al., 2015), sesiones virtuales a través de la visualización de videos, foros de discusión y videoconferencias (Cheli et al, 2020), así como programas llevados a cabo a través de sesiones de audio en una aplicación para móviles (Gómez et al. 2017). En cuanto al mantenimiento de sus beneficios, aunque son pocos los estudios que analizan resultados a largo plazo, hay autores que encuentran buenos resultados que se mantienen a los 4 meses de a intervención (Yüksel y Bahadır Yılmaz, 2020). En este sentido, entre las principales barreras para mantener la práctica, los estudiantes destacan la falta de tiempo y de conocimiento para llevarlas a cabo por si solos.

3. INICIATIVAS DE FORMACIÓN EN LA UNIVERSIDAD DE CÁDIZ

La iniciativa de introducir la práctica de *mindfulness* en la Universidad de Cádiz comenzó en el curso 2016-2017, a través del programa de "Actuaciones Avaladas para la Formación del Profesorado" de la UCA. Al capacitar a los docentes en esta práctica, se buscaba que pudieran desarrollar habilidades como la atención plena y la gestión emocional, y así transmitir estos beneficios a sus estudiantes, contribuyendo a un mejor desempeño académico y al bienestar general.

Dichas iniciativas culminaron con la creación de un grupo multidisciplinar de docentes pertenecientes a distintas áreas de conocimiento y distintos campus, implicados en la práctica de *mindfulness* y comprometidos con la mejora del bienestar de la comunidad universitaria y del proceso de enseñanza-aprendizaje.

Los programas de formación en *mindfulness* dirigidos al profesorado de la Universidad de Cádiz llevados a cabo fueron, entre otros, los siguientes cursos:

- "Transforma tu vida para transformar tus clases" y "Mindfulness para el aula de Educación Superior" (curso 2016-2017). Estos cursos iniciales sentaron las bases para la posterior profundización en la temática.
- "Liderazgo Consciente. Despierta tu potencial" (curso 2017-2018). Este curso exploró la aplicación del *mindfulness* en el desarrollo de habilidades de liderazgo consciente.
- "Prácticas Mindfulness en el aula de Educación Superior" (curso 2018-2019). Este curso, de carácter presencial y desarrollado en los cuatro campus de la UCA, se centró en la implementación práctica del *mindfulness* en el aula.
- "Profundización en Mindfulness. Teoría y práctica para implementar en el aula" (curso 2020-2021). Dada la situación de pandemia, se propuso este curso en formato online para continuar profundizando en la teoría y la práctica del *mindfulness* y su aplicación en el aula.
- "Mindfulness en las situaciones difíciles y en las relaciones" (curso 2020-2021). Este programa práctico buscó profundizar en las distintas aplicaciones y estrategias de *mindfulness* para afrontar situaciones complejas y mejorar las relaciones interpersonales.

Estas formaciones específicas buscaron dotar al profesorado de herramientas prácticas y conocimientos teóricos sobre *mindfulness*, con el fin de que pudieran experimentar sus beneficios a nivel personal y, a su vez, integrar prácticas sencillas en sus aulas. La participación activa del profesorado en estas formaciones fue fundamental para el desarrollo y la posterior implementación del protocolo MindfulActúa 2020 en las aulas.

4. PROYECTO "MINDFULACTÚA 2020"

Partiendo de los resultados de una investigación de los cinco años previos, un equipo de docentes impulsó el proyecto "Prácticas de Mindfulness y Compasión en Educación Superior. Proyecto Multidisciplinar Multicampus: MindfulActúa 2020" a lo largo de los cursos académicos 2019-20 y 2020-21. Este proyecto de innovación docente tuvo como objetivo principal "diseñar, implementar y evaluar un protocolo para las prácticas de *mindfulness* que abarcara diferentes disciplinas y Campus, con el objetivo de fomentar una educación más consciente y colaborativa entre profesores y estudiantes".

En total participaron 25 profesores de las disciplinas: Organización de Empresas, Educación, Literatura Inglesa, Ingeniería Informática, Química,

Enología, Enfermería y Medicina. En el proyecto se utilizó la metodología cualitativa de Investigación-Acción, basada en la sucesión de planificación, acción, observación y reflexión en cada una de las fases llevadas a cabo por sus protagonistas (Lewin, 1946).

El Proyecto MindfulActúa 2020, constaba de cuatro fases:

1. Formación Profesorado
2. Diseño y creación de un Protocolo Mindfulness: dotar de herramientas
3. Aplicación multidisciplinar en el aula de la UCA: Mejora Clima y bienestar.
4. Diagnóstico: Evaluación y Resultados.

El profesorado estuvo acompañado y guiado por una instructora experta en *mindfulness* en todas sus fases.

Las principales líneas de actuación del proyecto se centraron en la formación específica del profesorado en *mindfulness* y la posterior implementación de un protocolo de prácticas de *mindfulness* en el aula.

5. IMPLEMENTACIÓN DEL PROTOCOLO "AULAS MINDFULNESS UCA"

Partiendo de la experiencia adquirida en las formaciones del profesorado, se diseñó un protocolo específico para su implementación en el aula, denominado "Aulas Mindfulness UCA". Este protocolo se presentó como un Proyecto de Innovación Docente para el curso 2021-2022, titulado "Aulas Mindfulness UCA, nueva Metodología para reducir el estrés, mejorar la concentración, el clima y los resultados académicos". En esta fase inicial de implementación participaron cinco profesores de distintas áreas y Campus (Organización de Empresas, Enfermería, Lenguajes y Sistemas Informáticos, y Química Física).

Los principales objetivos de la implementación del protocolo en el aula fueron:

- Mejorar el nivel de atención, concentración y reducción de estrés del alumnado mediante la aplicación del protocolo "Aulas Mindfulness UCA".
- Desarrollar materiales didácticos para facilitar la práctica de *mindfulness* de manera autónoma por el alumnado.
- Analizar el impacto que la práctica de *mindfulness* tuvo en el alumnado.

La participación del alumnado en la implementación del protocolo fue voluntaria. El protocolo consistió en la introducción de sesiones cortas de *mindfulness* al inicio o durante las clases, adaptadas a la duración y las características de cada asignatura. Estas prácticas incluyeron ejercicios de atención a la respiración, escaneo corporal y visualizaciones guiadas, entre otros. Además, se proporcionó al alumnado acceso a materiales de apoyo como audios y guías para facilitar la práctica individual fuera del aula, habilitándose un espacio *ad hoc* en el Campus Virtual de cada una de las asignaturas involucradas. La participación aproximada por sesión fue de 22 estudiantes en el Grado en Ciencias del Mar (Campus de Puerto Real), 6 estudiantes en el Grado en Ingeniería Informática (Campus de Puerto Real), 29 estudiantes en el Grado en Enfermería (Campus de Cádiz y Jerez), y 32 estudiantes en el grado de Arquitectura Naval e Ingeniería Marítima (Campus de Puerto Real).

Para analizar el impacto de esta práctica y la validación del Protocolo, se midieron el grado de atención plena de los estudiantes antes y después de la práctica a través de la aplicación de los instrumentos de medidas validados: la escala MAAS (Mindful Attention Awareness Scale) (Brown y Ryan, 2003), la escala FFMQ (Five Facets Mindfulness Questionnaire) desarrollado por Baer et al., (2006) y validada en español por Cebolla et al. (2012), y el nivel de estrés percibido mediante la escala PSS (Perceived Stress Scale) (versión española de Remor y Carrobles, 2001).

Los cuestionarios fueron cumplimentados por 80 estudiantes, de los Grados en Enfermería (50,5%), Ciencias del Mar (32,5%) y Arquitectura Naval e Ingeniería Marítima (17,5%). La edad media de los estudiantes participantes fue de 21,8 años (DS 6,007) y la mayoría fueron mujeres (72,5%). Los principales resultados obtenidos en las escalas fueron:

Escala	Número de respuestas	Puntuación media y desviación estándar (DS)	IC 95%		Rango
			LI	LS	
MASS (pre)	N=52	47,06 (DS 13.098)	39,989	67,344	15-77
MASS (post)	N=13	48,91 (DS 10,211)	48,000	69,667	37-72
FFMQ (pre)	N=57	120,84 (DS 22,815)	97,000	137,000	77-173
FFMQ (post)	N=10	103,22 (DS 16,543)	117,199	163,134	80-123
PSS (pre)	N=13	32,77 (DS 7,574)	25,917	38,083	22-45
PSS (post)	N=6	19,00 (DS 3,847)	14,962	23,037	13-24

Se obtuvieron resultados preliminares que, si bien aportan información, no pueden considerarse generalizables, por lo que se hace necesario continuar la investigación con muestras de mayor tamaño.

No obstante, desde una perspectiva cualitativa, a lo largo de las semanas de implementación del protocolo, los estudiantes manifestaron en repetidas ocasiones su satisfacción con la práctica. Afirmaciones como “este curso debería ser obligatorio para todos los estudiantes”, “la práctica de mindfulness me está ayudando mucho en mi día a día”, “me ha servido para conocerme mejor y cuidarme más, me siento más sana”, “aprender a respirar bien me ha ayudado mucho a reducir el estrés que me produce estudiar y concentrarme más”, “me siento más tranquila en los exámenes” o “he comprobado cómo puedo ayudar a los pacientes a controlar su ansiedad con la respiración” reflejan el impacto positivo percibido. Así mismo, varios de los estudiantes compartieron haber experimentado a lo largo de su vida episodios frecuentes de ansiedad relacionados con los estudios (en etapas como ESO, Bachillerato y/o Universidad), así como procesos depresivos leves o dificultades de concentración. En este sentido, reconocieron que las sesiones del curso les estaban aportando beneficios. Sin embargo, también señalaron que les resultaba difícil mantener una práctica diaria o constante de mindfulness, coincidiendo con otras investigaciones publicadas (Yüksel y Bahadır Yılmaz, 2020).

Podemos afirmar que los resultados iniciales del proyecto MindfulActúa 2020, en su conjunto, ofrecen una perspectiva prometedora sobre el potencial del *mindfulness* en la educación superior:

- La alta participación del profesorado en los diversos cursos de formación en *mindfulness* evidencia un interés creciente por explorar herramientas que mejoren su propio bienestar y su práctica docente. Esta implicación del profesorado es un factor clave para el desarrollo y mantenimiento de iniciativas de *mindfulness* en el ámbito universitario.
- El desarrollo de recursos y materiales específicos para apoyar la práctica del *mindfulness* tanto para el docente como para el alumnado constituye un valioso legado del proyecto. Cabe citar los siguientes productos:

    a) Elaboración de guías detalladas con recursos como audios, artículos y videos para facilitar la implementación de sesiones de *mindfulness* en el aula.

    b) Creación de un curso en línea en el Campus Virtual de la UCA, ofreciendo una amplia gama de materiales para profesores y estudiantes.

    c) Identidad visual propia: Diseño de logotipos distintivos para los "Espacios Mindfulness UCA" y las "Aulas Mindfulness UCA", con el fin de promover y fortalecer la identidad de estas iniciativas en la universidad.

- La retroalimentación positiva mayoritaria recibida del alumnado tras la implementación de prácticas de *mindfulness* en el aula sugiere que estas intervenciones son bien recibidas y percibidas como beneficiosas. Esta respuesta positiva estimula a continuar explorando y profundizando en esta línea de trabajo.

- La participación en congresos y encuentros científicos para difundir la experiencia del proyecto MindfulActúa contribuye a la visibilidad de la iniciativa y al intercambio de conocimientos con otros investigadores interesados en la aplicación del *mindfulness* en la educación superior.

Estos resultados preliminares se alinean con la literatura científica que destaca los beneficios del *mindfulness* en la reducción del estrés y la mejora del bienestar psicológico en estudiantes universitarios (Villarroel-Carrasco y Cruz-Riveros, 2021). La implementación del protocolo "Aulas Mindfulness UCA" busca trasladar estos beneficios al alumnado de la UCA, contribuyendo a crear un ambiente de aprendizaje más relajado, enfocado y propicio para el desarrollo académico y personal.

5. TRANSFERENCIA A LA SOCIEDAD Y COMUNIDAD UNIVERSITARIA

Cursos y Seminarios

Se han organizado e impartido varios cursos dirigidos a la sociedad, que han formado parte de distintas ediciones de los "Cursos de Verano de la Universidad de Cádiz":

- Curso B16 "Mindfulness: Sinergias Universidad-tecnologías-empresas" 69 Edición Cursos de Verano de la UCA. (2018).
- Curso B10 "Mindfulness en la Educación: Hacia una escuela más amable y consciente" 70 Edición Cursos de Verano de la UCA. (2019)
- Curso A17 "¿Bien Estar? Sí, Gracias. Armonía y Curiosidad" 71 Edición Cursos de Verano de la UCA. (2021).

Se ha impartido en la UCA un curso internacional de "Liderazgo e Inteligencia Emocional a través de *Mindfulness, Search inside Yourself* (SIY)" creado y desarrollado por Google. El curso se ha celebrado en dos ediciones (diciembre 2021 y enero 2022), con una duración de 16 horas. SIY combina la práctica de la atención plena con la neurociencia moderna y ayuda a las personas de las organizaciones a sacar lo mejor de sí mismas, a través de la combinación entre la capacitación grupal y la evaluación individual, que ayuda a las personas a desarrollar habilidades de inteligencia emocional para prosperar en nuestra sociedad compleja y de ritmo rápido.

Asimismo, se creó un grupo de Whatsapp "Mindfulness UCA" para el PDI interesado y que ha participado en las actividades de formación relacionadas con *mindfulness.* También se facilitó un "Espacio Mindfulness UCA" desde el curso 2020-21 hasta el 2022-23, en el que los autores ofrecieron una meditación *mindfulness* a la semana, normalmente online, a veces, en formato mixto, durante una hora. El equipo promotor se responsabilizaba de preparar la meditación, y se facilitaba el enlace a la comunidad UCA interesada. Esta práctica semanal permitió practicar *mindfulness*, cohesionar el grupo y ofrecer un servicio a la comunidad universitaria, con el objetivo de reducir el estrés e incrementar el bienestar de las personas que la integran.

Ponencias en congresos y publicaciones

Se ha participado en el Congreso CIDICO: "II Congreso internacional de Innovación Docente e Investigación en Educación Superior" (11-13 noviembre 2020), organizando el simposio "Minfulness en la Educación Superior: Exportando la experiencia práctica de la Universidad de Cádiz a otras universidades" presentando cinco ponencias:

- "Potencial del Mindfulness en la Educación Superior"
- "La creación de una comunidad Mindfulness en la universidad de Cádiz"
- "Propuestas de intervenciones educativas basadas en Mindfulness para mejorar el aprendizaje de estudiantes de enfermería"
- "Proyectando los beneficios del Mindfulness en la atención al paciente"
- La utilización del Mindfulness en la gestión del aula con alumnado de educación secundaria propuestas para el MAES"

Se ha participado en los encuentros Compasión en la Educación *on line* bajo el título "Educar en la incertidumbre" con la mirada del experto Gonzalo Brito (2021) para divulgar el trabajo llevado a cabo en la Universidad de Cádiz.

Se ha participado en el 7th *International Academic and Professional Congress on Happiness* "The triple helix of Social Well-being: Organizational communication, social marketing and happiness management" celebrado en Sevilla (23-24 noviembre 2023) con la comunicación oral "Mindfulness y la inteligencia emocional en la felicidad de los emprendedores".

Se ha participado en el XXXIII Congreso Internacional de ACEDE 2024, celebrado en la Universitat Politècnica de València (16-18 junio 2024), con la comunicación oral "El rol del *mindfulness* y la inteligencia emocional en la felicidad de los emprendedores", en el Special Track 01 ST01 New Perspectives on Entrepreneurial Diversity and Well-being.

Se ha participado en el proyecto *"Mindfulness* para *reducir* el estrés y mejorar la atención en el aula universitaria", durante el curso 2023-2024, en el contexto de una Red de Colaboración para la Innovación Docente, dentro del 4º Plan Propio de Docencia de la Universidad de Sevilla, coordinado por la profesora Beatriz Bernárdez Jiménez, de la Escuela Técnica Superior de Ingeniería Informática (US).

Se ha participado en el libro "Acciones Educativas Innovadoras en el ámbito universitario" (Universidad de Sevilla, 2025), en el que se ha publicado el capítulo: Bernárdez, B., Durán Toro, A., De Castro Cabrera, M.C., Rodríguez-Cordón, C. "La práctica de Mindfulness en el aula universitaria: mejoras en la atención percibida y en la dependencia de la tecnología", Editorial Dikinson, S.L., ISBN 979-13-7006-044-2, Madrid 2025.

6. CONCLUSIONES

La experiencia adquirida durante estos años en formación del profesorado en *mindfulness* y la implementación de su práctica en el aula con el estudiantado son estrategias prometedoras para mejorar el bienestar de la comunidad universitaria y potencialmente optimizar los procesos de enseñanza-aprendizaje. Este hecho supone un hito importante en sí mismo y pone de manifiesto el interés y el potencial de la integración del *mindfulness* y la compasión en el contexto de la educación superior.

Así mismo, las actividades realizadas han permitido intercambiar experiencias entre el profesorado de distintas disciplinas de la universidad de Cádiz y con otras universidades, promoviendo la difusión de esta práctica en la sociedad. Esto ha propiciado nuevas colaboraciones y ha fortalecido este recurso como elemento clave.

Sin embargo, es necesario seguir profundizando en la investigación para comprender mejor el impacto a largo plazo de estas intervenciones y para identificar las estrategias más efectivas para su integración en diferentes disciplinas y contextos universitarios. En este sentido, se proponen las siguientes líneas futuras de investigación:

- Evaluación a medio y largo plazo del impacto del protocolo "Aulas Mindfulness UCA" en el alumnado, con muestras mayores, para analizar cambios en los niveles de estrés y concentración.
- Exploración de la efectividad de diferentes tipos y duraciones de prácticas de *mindfulness* en el aula, adaptadas a los recursos disponibles, las necesidades específicas de cada asignatura y grupo de estudiantes.
- Análisis de los factores que facilitan o dificultan la implementación y la adopción de prácticas de *mindfulness,* tanto por parte del profesorado como del alumnado.

- Investigación sobre el impacto de la formación en *mindfulness* del profesorado en su propio bienestar, su práctica docente y el clima de aula.
- Exploración de la viabilidad de la integración del *mindfulness* en el currículum universitario, tal como sugieren algunas investigaciones.

En definitiva, la experiencia del proyecto MindfulActúa 2020 y la creciente evidencia científica respaldan la necesidad de seguir investigando y promoviendo la integración del *mindfulness* y la compasión como herramientas valiosas para fomentar una educación superior más consciente, saludable y efectiva para todos los miembros de la comunidad universitaria.

AGRADECIMIENTOS

Los autores desean agradecer a la Universidad de Cádiz y a la convocatoria de "Actuaciones Avaladas para la Formación del Profesorado" por el apoyo brindado al proyecto "Prácticas de Mindfulness y Compasión en Educación Superior. Proyecto Multidisciplinar Multicampus: MindfulActúa 2020". Asimismo, se agradece la participación y el compromiso de todos los profesores y estudiantes que han formado parte de esta iniciativa.

BIBLIOGRAFÍA

Ahmad, F., El Morr, C., Ritvo, P., Othman, N. & Moineddin, R. (2020). An Eight-Week, Web-Based Mindfulness Virtual Community Intervention for Students' Mental Health: Randomized Controlled Trial. *JMIR Mental Health,* 7(2), e15520-e15520. doi: 10.2196/15520

Baer, R. A., Smith, G. T., Hopkins, J., Krietemeyer, J. & Toney, L. (2006). Using self-report assessment methods to explore facets of mindfulness. *Assessment,* 13(1), 27-45.

Bernárdez, B., Durán, A., De Castro, M.C. & Rodríguez-Cordón, C. (2025)."La práctica de mindfulness en el aula universitaria: mejoras en la atención percibida y en la dependencia de la tecnología", *Acciones Educativas Innovadoras en el ámbito universitario,* Editorial Dikinson,S.L., ISBN 979-13-7006-044-2.

Bernárdez, B., Durán, A., Parejo, J. A., Juristo, N. & Ruiz–Cortés, A. (2020). Effects of mindfulness on conceptual modeling performance: A series of experiments. *IEEE Transactions on Software Engineering, 48*(2), 432-452.

Black, D. S., Milam, J. & Sussman, S. (2009). Sitting-meditation interventions among youth: A review of treatment efficacy. *Pediatrics,* 124(3), e532-e541.

Brown, K. W. & Ryan, R. M. (2003). The benefits of being present: Mindfulness and its role in psychological well-being. *Journal of Personality and Social Psychology,* 84, 822–848. http://dx.doi.org/10.1037/0022-3514.84.4.822

Cebolla, A., García-Palacios, A., Soler, J., Guillén, V., Baños, R. & Botella, C. (2012). Psychometric properties of the Spanish validation of the Five Facets of Mindfulness Questionnaire (FFMQ). *The European Journal of Psychiatry*, 26(2), 118-126.

Cheli, S., De Bartolo, P., & Agostini, A. (2020). Integrating mindfulness into nursing education: A pilot nonrandomized controlled trial. *International Journal of Stress Management*, 27(1), 93.

Davidson, R. J., Kabat-Zinn, J., Schumacher, J., Rosenkranz, M., Muller, D., Santorelli, S. F. & Sheridan, J. F. (2003). Alterations in Brain and Immune Function Produced by Mindfulness Meditation. *Psychosomatic Medicine*, 65, 564-570.

De Vibe, M., Solhaug, I., Tyssen, R., Friborg, O., Rosenvinge, J. H. & Sorlie, T. (2013). *Mindfulness training for stress management: a randomised controlled study of medical and psychology students. BMC* https://doi.org/10.1186/1472-6920-13-107.

Delgado-Ríos, Myriam (Coord.) (2020). *Mindfulness* en el Contexto Universitario. Formando a Profesionales Conscientes. Madrid: Dykinson. ISBN: 978-84-1377-177-9

Doll, A., Hölzel, B. K., Mulej, S., Boucard, C. C., Xie, X., Wohlschläger, A. M., & Sorg, C. (2016). Mindful attention to breath regulates emotions via increased amygdala-prefrontal cortex connectivity. *NeuroImage*, 134, 305-313. doi:10.1016/j.neuroimage.2016.03.041

Dvorakova, K., Kishida, M., Li, J., Elavsky, S., Broderick, P. C., Agrusti, M. R. & Greenberg, M. T. (2017). Promoting healthy transition to college through mindfulness training with first-year college students: Pilot randomized controlled trial. *Journal of American College Health*, 65(4), 259-267. https://doi.org/10.1080/07448481.2017.1278605

García de Palau, F. (2024). *Las mejores universidades apuestan por el Mindfulness contra el estrés, Psicología y Mente*, Disponible en: https://psicologiaymente.com/meditacion/universidades-*mindfulness*-contra-estres

Gomez, J., Hoffman, H. G., Bistricky, S. L., Gonzalez, M., Rosenberg, L., Sampaio, M., Garcia-Palacios, A., Navarro-Haro, M. V., Alhalabi, W., Rosenberg, M., Meyer, W. J. III, & Linehan, M. M. (2017). The use of virtual reality facilitates dialectical behavior therapy® "Observing sounds and visuals" mindfulness skills training exercises for a Latino patient with severe burns: A case study. *Frontiers in Psychology*, 8, Article 1611. https://doi.org/10.3389/fpsyg.2017.01611

González, M. T. & Landero, R. (2007). Escala de cansancio emocional (ECE) para estudiantes universitarios. Propiedades psicométricas en una muestra de México. *Anales de Psicología*, 23(2), 253-257

Greenberg, M. T. & Harris, A. R. (2012). Nurturing mindfulness in children and youth: Current state of research. *Child development perspectives*, 6(2), 161-166.

Gür, G. C., & Yilmaz, E. (2020). The effects of mindfulness-based empathy training on empathy and aged discrimination in nursing students: A randomised controlled trial. *Complementary Therapies in Clinical Practice*, 39, 101140.

Hempel, S., Taylor, S. L., Marshall, N. J., Miake-Lye, I. M., Beroes, J. M., & Shanman, R. (2014). *Evidence map of mindfulness. VA evidence-based synthesis program reports.* Estados Unidos: US Veterans Affairs Department.

Kabat-Zinn, J. (2003). Mindfulness-Based Interventions in Context: Past, Present, and Future. *Clinical Psychology: Science and Practice,* 10(2), 144-156. doi:10.1093/clipsy.bpg016

Karaca, A., & Şişman, N. Y. (2019). Effects of a stress management training program with mindfulness-based stress reduction. *Journal of Nursing Education*, 58(5), 273-280.

Maher, C. (2021). The Benefits of Mindfulness for University Students. *Building Healthy Academic Communities Journal*, 5(1), 42–57. https://doi.org/10.18061/bhac.v5i1.7735

McConville, J., McAleer, R., & Hahne, A. (2017). Mindfulness training for health profession students—the effect of mindfulness training on psychological well-being, learning and clinical performance of health professional students: a systematic review of randomized and non-randomized controlled trials. *Explore*, 13(1), 26-45.

Mendelson, T., Greenberg, M. T., Dariotis, J. K., Gould, L. F., Rhoades, B. L. & Leaf, P. J. (2010). Feasibility and preliminary outcomes of a school-based mindfulness intervention for urban youth. *Journal of abnormal child psychology*, 38, 985-994.

Moses, J., Bradley, G. L. & O'Callaghan, F. V. (2016). When college students look after themselves: Self-care practices and well-being. *Journal of Student Affairs Research and Practice*, 53(3), 346-359. https://doi.org/10.1080/19496591.2016.1157488

O'Driscoll, M., Byrne, S., Mc Gillicuddy, A., Lambert, S., & Sahm, L. J. (2017). The effects of mindfulness-based interventions for health and social care undergraduate students–a systematic review of the literature. *Psychology, health & medicine*, 22(7), 851-865.

Phang, C. K., Mukhtar, F., Ibrahim, N., Keng, S. L., & Mohd. Sidik, S. (2015). Effects of a brief mindfulness-based intervention program for stress management among medical students: the Mindful-Gym randomized controlled study. *Advances in Health Sciences Education*, 20, 1115-1134.

Remor, E. & Carrobles, J.A. (2001). Versión Española de la escala de estrés percibido (PSS-14): Estudio psicométrico en una muestra VIH+. *Ansiedad y Estrés*, 7 (2-3), 195-201

Tapia-Barcones, J. & González-Álvarez, M.A. (2019). *Mindfulness* en el aula: gestión del estrés ante las pruebas de evaluación *Mindfulness* in the classroom: coping with exam anxiety. V Congreso Internacional sobre Aprendizaje, Innovación y Competitividad (CINAIC 2019). Octubre 9-11, 2019, Madrid. Disponible en: https://zaguan.unizar.es/record/84634/files/118.pdf

Van der Riet, P., Levett-Jones, T., & Aquino-Russell, C. (2018). The effectiveness of mindfulness meditation for nurses and nursing students: An integrated literature review. *Nurse education today*, 65, 201-211.

Viciana, V., Fernández Revelles, A. B., Linares, M., Espejo, T., Puertas, P &, Chacón, R. (2018). Los Estudios Universitarios y el Mindfulness. Una Revisión Sistemática. *Revista Iberoamericana sobre Calidad, Eficacia y Cambio en Educación*, 16(1), 117-135. https://doi.org/10.15366/reice2018.16.1.008.

Villarroel-Carrasco, K. & Cruz-Riveros, C. (2021). Relación entre sesiones de atención plena y el nivel de estrés en estudiantes universitarios. *Enferm. Glob.*, 20 (63), 362-388. https://dx.doi.org/10.6018/eglobal.442391

Warnecke, E., Quinn, S., Ogden, K., Towle, N. & Nelson, M.R., 2011. A randomized controlled trial of the effects of mindfulness practice on medical student stress levels. *Med. Educ.* 45, 381–388.

BIOGRAFÍA ABREVIADA DE LOS AUTORES

CRISTINA SIERRA CASANOVA, Doctora de la Universidad de Cádiz adscrita al departamento de Organización de Empresas. Amplia experiencia académica y profesional, compaginando la docencia y la investigación con Proyectos para la mejora de la sociedad a través de la expresión artística y las ideas transformadoras. Impulsora de Proyectos transformacionales en la educación superior a través de iniciativas de Innovación docente, como es el caso de las prácticas de atención plena (mindulness) para la comunidad educativa de la universidad, profesorado y estudiantes. Ha organizado y participado en numerosos cursos de formación y proyectos de innovación docente relacionados con esta práctica. Centrada en dos líneas principales de investigación, una relacionada en el bienestar de la persona emprendedora y otra sobre el rol de la práctica del mindfulness y su relación con la inteligencia emocional y la felicidad. Participado publicaciones en revistas internacionales de prestigio y congresos en el ámbito nacional e internacional,

CRISTINA CASTRO YUSTE, Profesora Titular en la Universidad de Cádiz, donde lleva años compartiendo su pasión por la docencia y la investigación. Imparte asignaturas centradas en el cuidado del adulto dentro del Grado en Enfermería. Apuesta especialmente por la innovación educativa, indagando metodologías que favorezcan el aprendizaje más humano y significativo. Entre ellas destaca su apuesta por la introducción de la práctica del mindfulness entre el alumnado, convencida de su valor no solo para mejorar la experiencia formativa del estudiantado, sino también para fortalecer su futuro desempeño como profesionales de la salud y el bienestar de sus pacientes. Ha participado en numerosos cursos de formación y proyectos de innovación docente relacionados con esta práctica. Una de sus principales líneas de investigación se centra en el estudio de los beneficios del mindfulness y su relación con la inteligencia emocional y la felicidad.

CONCEPCIÓN CARNICER FUENTES es Profesora Titular de Universidad en el Área de Enfermería de la Universidad de Cádiz, donde realiza una activa labor docente e investigadora. Es Doctora en Enfermería, con un Máster en Investigación e Innovación en Enfermería, y cuenta con experiencia profesional en atención primaria y especializada. Su investigación se centra en la innovación docente, la simulación clínica y la aplicación de mindfulness para la mejora del bienestar, participando en proyectos y publicaciones relacionadas con la mejora de la enseñanza en Enfermería. Además, ha colaborado en la publicación de artículos en revistas internacionales de prestigio y ha participado en congresos nacionales e internacionales

ENRIQUE GARCÍA LUQUE Profesor titular, centra su docencia en el campo de la Oceanografía Química en la Facultad de Ciencias del Mar y Ambientales. Su línea de investigación se enmarca en la simulación de relaciones químicas en sistemas estuáricos, incluyendo la caracterización de procesos de intercambio atmósfera-océano de CO2 en zonas costeras, en un contexto de cambio climático. Ha sido responsable de las relaciones institucionales y director del Colegio Mayor de la UCA y actualmente desempeña el cargo de orientador. Es un firme defensor de la introducción de la práctica de mindfulness en el aula para mejorar el nivel de atención, la concentración y la reducción de estrés del alumnado, su principal preocupación.

Mª DEL CARMEN DE CASTRO, Profesora adscrita al Departamento de Ingeniería Informática. Compagina su vocación docente, en asignaturas relacionadas con informática, con la investigación y la innovación docente. Tiene experiencia e interés en la gestión de orientación al alumnado, en la Escuela Superior de Ingeniería. Sus líneas de investigación tienen relación con las técnicas de prueba de software en ingeniería del software y con el fomento de recursos que favorezcan el bienestar y desarrollo de las personas a través del mindfulness. Así mismo, le entusiasman los procesos de mentoría y acompañamiento, como recursos aceleradores en la integración y el aprendizaje de las personas.

CARLOS RODRÍGUEZ CORDÓN. Profesor de la Universidad de Cádiz ha dedicado su carrera a la enseñanza de redes de ordenadores y seguridad informática, áreas en las que ha desarrollado una sólida trayectoria. Su filosofía docente se fundamenta en la creación de un ambiente de aprendizaje armonioso, donde el bienestar integral del estudiante se considera primordial para su éxito académico. Paralelamente a su labor en el aula, su interés investigador se centra en el diseño innovador de bobinas para la estimulación magnética transcraneal, un campo fascinante con potencial para diversas aplicaciones. Le apasiona profundamente explorar cómo la práctica de la atención plena (mindfulness) puede transformar la experiencia educativa, cultivando la concentración, la tranquilidad y una mayor consciencia en el entorno de aprendizaje. Su objetivo futuro es integrar de forma activa técnicas de relajación y meditación en el currículo académico, buscando beneficiar de manera holística el desarrollo del alumnado.

CRISTINA JARDÓN SERRANO. Pedagoga por la UCM. Experta en Inteligencia Emocional aplicada a las Organizaciones y Bienestar Corporativo. Consultora de Bienestar Organizacional y Formadora. Profesora asociada de Psicología en la Facultad de Educación de la UCM y es docente de Inteligencia Emocional y Bienestar en la Sagardoy Business School, y en el Máster de RRHH de la Nebrija. Formación especializada internacional en RRHH, Psicología, Liderazgo y Humanismo. Certificada en varios protocolos internacionales de Mindfulness (MBSR, MBEB) y Compasión (MSC, CCT), Executive Coaching y Resiliencia. Certificada en el programa Internacional SIY de Inteligencia Emocional y Liderazgo creado en Google. Más de 13 años de experiencia en entrenamiento de Inteligencia Emocional y bienestar en Organizaciones. Ha colaborado con empresas como BBVA, Santander, MAPFRE, SM, Endesa, TEVA, Vodafone, GSK, entre otras. Como Coach, ha acompañado a decenas de líderes en la incorporación de un liderazgo más humano y en la promoción de su bienestar. Conferenciante en foros y congresos internacionales. Autora de "Oh Mindful Day" y "Cultura del Bienestar" (Plataforma Editorial, junio 2025).